# KÄTS START-UP KÜCHE

Katerina Dimitriadis

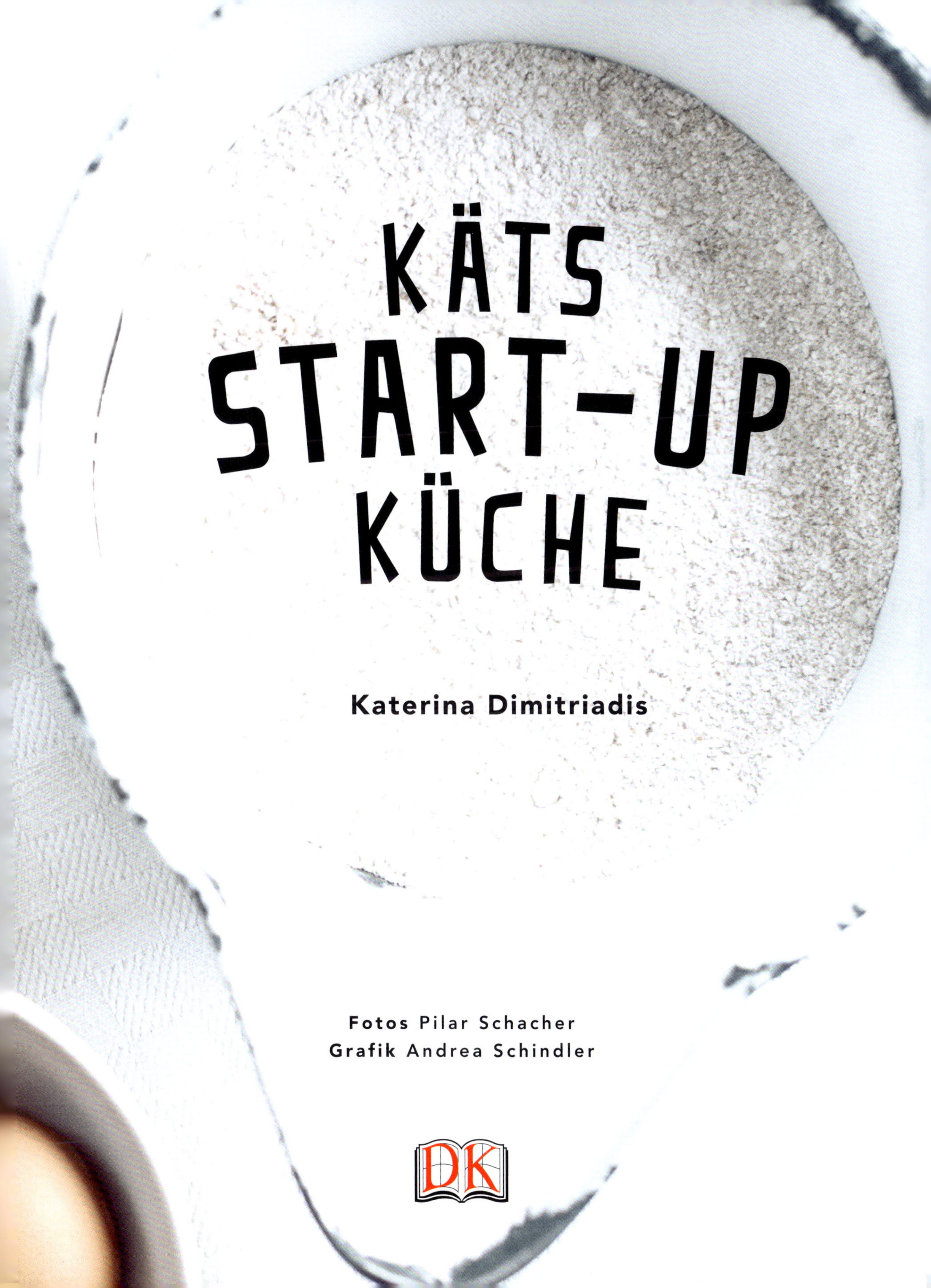

# KÄTS START-UP KÜCHE


**Katerina Dimitriadis**



**Fotos** Pilar Schacher
**Grafik** Andrea Schindler



DK

# INHALT

---

Im Buch finden sich unterschiedliche Icons, die über Kosten und Zubereitungszeit informieren und vegetarische oder vegane Rezepte kennzeichnen.

**Kosten p. P.** 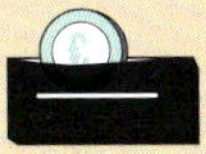 — bis 2,50 € 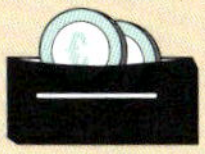 — bis 3,50 €  — bis 5 €

**Zubereitungszeit** 

Die Zeit, die man für die Zubereitung benötigt, wird in Minuten angegeben. Aber **Achtung**: Die Garzeit kommt noch dazu.

**Vegetarisch** 

**Vegan** 

Einkaufsliste auf dem Smartphone – so geht's: Ihr braucht nur eine App, die QR-Codes lesen kann. (Für jedes Smartphone gibt's kostenlose Apps. Wir empfehlen i-nigma.) Den QR-Code einfach mit dem Smartphone einlesen, schon erscheinen die Einkaufslisten auf dem Display.

# VORWORT

**Als ich mein erstes Kochbuch *Käts Studentenküche* schrieb, wusste ich nicht, was auf mich zukam. Ich lebte monatelang in einer Kochbuch-Blase, schrieb Rezepte, schmiss sie wieder um und überlegte mir neue – die ich wiederum verwarf. Ich war über Wochen hinweg dauernervös und konnte mir beim besten Willen nicht vorstellen, dass ich am Ende tatsächlich ein echtes, also ein so wirklich richtig echtes Kochbuch in den Händen halten würde. Und als das fertige Buch endlich ankam, konnte ich es gar nicht fassen.**

Kaum hatte sich aber meine erste Aufregung über das Buch gelegt, bekam ich etwas, das ich als postnatale Kochbuch-Depression bezeichne. Es gab keine Rezepte mehr, über die ich nachdenken konnte, keine Deadlines, an die ich mich halten musste, und keine Termine mehr für die Fotoshootings. Dabei hatte ich doch noch so viele Rezeptideen … Als ich erfuhr, dass der Verlag tatsächlich ein zweites Kochbuch mit mir plante, war ich deshalb ganz aus dem Häuschen. Und hier ist es endlich: *Käts Start-up-Küche*.

Dieses Kochbuch, das mit sehr viel Liebe und Hingabe entstanden ist, soll zeigen, dass es selbst jungen oder unerfahrenen Köchen problemlos möglich ist, sich mit einfachen Zutaten, die in jedem Supermarkt erhältlich sind, gesund und vor allem lecker zu ernähren. Denn das tägliche Kochen für sich selbst, für Freunde oder die Familie ist keine große Kunst. Wenn man wirklich Lust hat und den Mehrwert erkennt, den eine frisch gekochte Mahlzeit bietet, dann ist die tägliche Kochroutine mit den richtigen Rezepten ein Klacks – selbst für blutige Anfänger.

In unserem hektischen Alltag, in dem ein zeitintensives Studium, ein anstrengender Fulltime-Job oder die Koordination einer Familie unsere Freizeit extrem beschränkt, vergessen wir oftmals, wie wichtig es für das körperliche und seelische Wohlbefinden ist, sich mit selbst gekochtem Essen zu verwöhnen. Denn diese Genussmomente sind es, die einem neue Energie für den nächsten Tag und eine unglaubliche Befriedigung geben.

Dieses Kochbuch soll helfen, genau dies zu schaffen: Eine gesunde, schnelle Küche mit einfachen Zutaten in den Alltag zu integrieren – und zwar ohne viel Vorbereitung und zahllose Utensilien, und ohne die Küche in ein Schlachtfeld zu verwandeln. Es gibt nicht viel zu beachten, und meine vielen Tipps zu den Rezepten sollen zeigen: Selbst bei den Zutaten gibt es keine festen Regeln – was einem nicht schmeckt, wird einfach ausgetauscht! Nur eines ist wichtig: Sich die Rezepte vor dem Kochen einmal ganz durchzulesen, denn das ist der einfachste Weg, um Anfängerfehler zu vermeiden.

**Ansonsten kann ich nur noch viel Spaß beim Kochen wünschen und nochmals versichern: Wer sich ein bisschen Mühe gibt und mit Liebe kocht, kann bei diesen Rezepten rein gar nichts falsch machen!**

Kät

# Frühstück

UND

# FRÜHSTÜCK UND BRUNCH

Ganz klar: Unter der Woche herrscht Hektik am Morgen. Man möchte keine Minuten wertvollen Schlafs versäumen, muss sich aber natürlich auch zurechtmachen und pünktlich das Haus verlassen. Da bleibt das Frühstück oft auf der Strecke und unterwegs kauft man eine Kleinigkeit, die nicht satt macht und nicht guttut.

Mit etwas Organisation ist das Dilemma jedoch lösbar! Wer abends den Frühstückstisch deckt und Zutaten bereitstellt, spart wertvolle Zeit am Morgen. Und wenn man sich auf ein leckeres Frühstück freuen kann, fällt das Aufstehen halb so schwer.

Am Wochenende sieht die Sache wieder ganz anders aus. Da hat man Lust und Zeit, für sich selbst oder seine Familie und Freunde ein richtig tolles Frühstück zu zaubern. Deshalb finden sich in diesem Kapitel Rezepte für beide Gelegenheiten: für ein schnelles Frühstück, das mit fertigen Zutaten, wie etwa einem selbst gemachten Trockenmüsli, ruck, zuck den leeren Magen füllt – und für einen ausgiebigen Brunch mit allem, was dazugehört!

# Vegane Ernährung

Wer sich vegan ernährt, isst überhaupt keine tierischen Lebensmittel. Darunter fallen neben Fleisch und Fisch auch sämtliche Milchprodukte, wie Joghurt, Käse, Butter oder Sahne, aber auch Eier, Honig und Gelatine (die zum Beispiel in Gummibärchen enthalten ist). Angesichts von Lebensmittelskandalen, Antibiotika im Tierfutter und einer oftmals ethisch verwerflichen Massentierhaltung, die unserer Umwelt schadet, entscheiden sich immer mehr Menschen dafür, vegan zu leben. Das bedeutet nicht automatisch Verzicht auf Genuss, denn selbst rein pflanzlich kann man sich abwechslungsreich, kostengünstig und außerdem sehr gesund, das heißt vor allem fett- und cholesterinarm, ernähren.

Um Mangelernährung zu vermeiden, ist aber ein gewisses Maß an Hintergrundinformationen unerlässlich. Für fast alle tierischen Produkte gibt es pflanzliche Alternativen und fast jeden Nährstoffbedarf kann man über pflanzliche Lebensmittel wie frisches Obst und Gemüse, Vollkorngetreide, Kartoffeln, Hülsenfrüchte und Sojaprodukte decken. Nüsse zum Beispiel enthalten viel Eisen, und Kalzium kann man mit dunkelgrünem Gemüse wie Spinat oder Rucola aufnehmen.

Auch für Veganer und solche, die es mal testen wollen, habe ich zahlreiche Gerichte parat, die schnell und einfach umzusetzen sind. Man sollte lediglich beim Einkauf darauf achten, dass auch die benötigten Zutaten wie Margarine, Brot oder Nudeln vegan sind.

Damit ihr vegane Rezepte schnell findet, habe ich sie mit einem Symbol (die Melone, siehe oben) gekennzeichnet. Unter dem Motto »im Nu vegan« verrate ich außerdem, wie man Gerichte für Veganer adaptiert. Viel Spaß beim Ausprobieren!

# VEGETARISCHE ERNÄHRUNG

Vegetarier verzichten auf Fisch und Fleisch. Einerseits, weil die artgerechte Haltung von Tieren inzwischen eher die Ausnahme ist. Andererseits wirkt sich der übermäßige Fleischkonsum der vergangenen Jahrzehnte – angefangen beim Wurstbrot zum Frühstück über die schnelle Currywurst in der Mittagspause bis zum Schnitzel zum Abendessen – auch negativ auf die Gesundheit und das körperliche Wohlbefinden aus. Deshalb stellen immer mehr Menschen ihre Ernährung auf fleischlose Kost um. Kein Problem, denn Gemüse, Milch- und Getreideprodukte, Hülsenfrüchte und frische Kräuter ermöglichen eine unendliche Vielzahl an Gerichten, die schnell zuzubereiten sind und unglaublich gut schmecken.

Die zahlreichen vegetarischen Rezepte im Buch sind mit dem unten abgebildeten Symbol gekennzeichnet. So findet man sie auf Anhieb. Ihr werdet sehen: Mit Verzicht hat vegetarische Ernährung nichts zu tun!

VEGETARISCH

# ALLES MIT EIERN

Für jeweils 1 Person

**FRÜHSTÜCKSEI**

VEGETARISCH

| | |
|---|---|
| 1 | Ei |
| | Salz, Pfeffer |

**RÜHREI**

| | |
|---|---|
| 2 | Scheiben Kochschinken |
| 1 TL | Butter |
| 3 | Eier |
| | Salz, Pfeffer |

**SPIEGELEI**

VEGETARISCH

| | |
|---|---|
| 1 | Ei |
| | Olivenöl |
| | Salz, Pfeffer |

**OMELETT**

VEGETARISCH

| | |
|---|---|
| 3 | Eier |
| | Salz, Pfeffer |
| 2 EL | Milch |
| 1 TL | Butter |

**Zutaten-Karussell**

Das Omelett kann man mit den unterschiedlichsten Zutaten, wie zum Beispiel Pilzen, Paprika, Rucola oder Schinken, füllen. Man kann die Zutaten aber auch vor dem Garen unter die rohe Eiermischung rühren.

## DAS PERFEKTE FRÜHSTÜCKSEI

**1** Einen kleinen Topf mit so viel Wasser zum Kochen bringen, dass das Ei bedeckt ist. Vorsichtig in das sprudelnde Wasser gleiten lassen.

**2** Für ein weiches Ei mit flüssigem Kern das Ei 4 Minuten kochen lassen, für ein hartes Ei etwa 7 Minuten. Salz und Pfeffer zum Ei servieren.

## RÜHREI

**1** Den Schinken in kleine Würfel schneiden und die Butter in einer Pfanne zerlassen. Den Schinken darin ein paar Minuten braten, bis er leicht Farbe annimmt.

**2** Die Hitze herunterschalten, die Eier hineinschlagen und etwas stocken lassen. Die Eier mit einem Kochlöffel verrühren und bei mittlerer Hitze nur kurz weitergaren, sie sollen saftig bleiben. Die Rühreier salzen und nach dem Anrichten mit etwas Pfeffer bestreuen.

## SPIEGELEI

**1** So viel Öl in einer kleinen Pfanne erhitzen, dass der Pfannenboden bedeckt ist. Wenn das Öl heiß ist, die Hitze herunterschalten und das Ei hineinschlagen.

**2** Die Hitze wieder hochschalten, das Ei etwas stocken lassen und das heiße Öl mit Hilfe eines Esslöffels über das Ei gießen, damit es auch von oben gart.

**3** Das Spiegelei mit einem Pfannenwender herausheben, gut abtropfen lassen und nach dem Anrichten mit etwas Salz und Pfeffer bestreuen.

00:15

**Eier, in den unterschiedlichsten Variationen, gehören zu einem ausgiebigen Frühstück einfach dazu. Deshalb finden sich hier die bekannten Klassiker, damit beim nächsten Sonntagsbrunch nichts mehr schiefgehen kann.**

Schnell zubereitete Spiegeleier sind oben oft noch wabbelig, während sie unten schon eine leicht angebrannte Kruste haben. Wenn man ein bisschen mehr Öl verwendet, brennen sie unten nicht an, werden oben gar und das Eigelb bekommt eine zartrosa Färbung.

## OMELETT

1 Die Eier mit etwas Salz und Pfeffer in einer Schüssel schaumig schlagen und die Milch unterrühren. Die Butter in einer Pfanne zerlassen, die Eiermischung hineingießen und anfangs das Omelett mit einer Gabel leicht verrühren, damit es gleichmäßiger gart.

2 Das Omelett bei mittlerer Hitze so lange braten, bis es unten leicht braun und oben fast gar ist. Die eine Hälfte über die andere klappen und das Omelett servieren.

VEGETARISCH



# PFANNEN-FRÜHSTÜCK

**Es gibt Tage, da braucht man schon morgens was richtig Herzhaftes! Dieses Frühstück mit krossen Kartoffelstückchen, knackigem Gemüse und Spiegeleiern macht richtig lange satt und vor allem glücklich. Außerdem kann man so Reste verwerten. Denn rein kann, was da ist – das übrig gebliebene Fleisch vom Vorabend oder eine Extraportion Gemüse.**

**Für 2 Personen**

| | |
|---|---|
| 2 | Tomaten |
| 4 | Champignons |
| 1 | Paprikaschote |
| 3 | Kartoffeln |
| 3 EL | Pflanzenöl |
| 2 EL | gehackte Petersilie |
| | Salz, Pfeffer |
| 4 | Eier |
| 3 EL | geriebener Parmesan |

**Zutaten-Karussell**

Wer es besonders herzhaft mag, kann zusätzlich noch eine scharfe Wurst in dünne Scheiben schneiden und kurz mit anbraten.

1 Den Backofen auf 200 °C Ober-/Unterhitze vorheizen. Die Tomaten halbieren. Die Kerne entfernen und das Fruchtfleisch in kleine Würfel schneiden. Die Champignons in dünne Scheiben schneiden, die Paprika würfeln, die Kartoffeln schälen und in etwa 1 cm große Würfel schneiden.

2 Das Pflanzenöl in einer ofenfesten Pfanne erhitzen. Die Kartoffelwürfel darin bei mittlerer Hitze von allen Seiten goldbraun und knusprig braten und salzen. Die Pilze dazugeben und kurz mitbraten. Paprika- und Tomatenwürfel und 1 EL Petersilie unterrühren und alles mit Salz und Pfeffer würzen.

3 Die Eier als Spiegeleier auf das Gemüse schlagen und mit etwas Salz und Pfeffer bestreuen. In den Ofen schieben und die Eier etwa 10 Minuten auf der mittleren Schiene stocken lassen.

4 Das fertige Gericht mit der restlichen Petersilie und dem Parmesan bestreuen und heiß servieren.

00:30

VEGETARISCH

# FRENCH TOAST

3 x anders

Für 1 Person

**ZIMT-ZUCKER-TOAST**

| | |
|---|---|
| 1 | Ei |
| 4 EL | Milch |
| 2 EL | Zucker |
| ½ TL | Zimt |
| 2 TL | Butter |
| 4 | Scheiben altbackenes Baguette |

**PANETTONE-FRENCH-TOAST**

| | |
|---|---|
| 1 | Handvoll Erdbeeren |
| 1 | Ei |
| 4 EL | Milch |
| 2 TL | Butter |
| 2 | Scheiben Panettone (ca. 1,5 cm dick) |
| | Puderzucker zum Bestäuben |

**Zutaten-Karussell**

Statt Panettone kann man, je nach Jahreszeit und Verfügbarkeit, auch Hefezopf, Oster- oder Weihnachtsbrot verwenden.

Für 2 Personen

**BLAUBEER-FRENCH-TOAST**

| | |
|---|---|
| 1 | Ei |
| 4 EL | Milch |
| 4 EL | Haferflocken |
| 4 | Scheiben dunkles Kastenbrot |
| 4 EL | Frischkäse |
| 100 g | Blaubeeren |
| 2 TL | Butter |
| 4 EL | Ahornsirup |

## ZIMT-ZUCKER-TOAST

Ei und Milch in einer Schüssel gut verquirlen. Zucker und Zimt auf einem Teller vermischen. Die Butter in einer Pfanne zerlassen. Die Baguettescheiben sorgfältig in der Milchmischung wenden, abtropfen lassen und in der Pfanne von beiden Seiten goldbraun braten. Kurz auskühlen lassen, im Zimtzucker wenden und servieren.

## PANETTONE-FRENCH-TOAST

mit Erdbeeren und Puderzucker

1 Die Erdbeeren vierteln. Ei und Milch in einer Schüssel gut verquirlen. Die Butter in einer Pfanne zerlassen. Die Panettonescheiben in der Milchmischung wenden, abtropfen lassen und in der Pfanne von beiden Seiten goldbraun braten.

2 Die Panettonescheiben auf einen Teller geben, die Erdbeeren darüber verteilen und mit dem Puderzucker bestäuben.

## BLAUBEER-FRENCH-TOAST

mit Haferflockenkruste und Ahornsirup

1 Den Backofen auf 200 °C Ober-/Unterhitze vorheizen und ein Backblech mit Backpapier auslegen. Ei und Milch in einer Schüssel gut verquirlen und die Haferflocken auf einem Teller ausstreuen.

2 Die Brotscheiben mit Frischkäse bestreichen. Auf zwei Scheiben die Blaubeeren verteilen, mit den zwei übrigen Brotscheiben bedecken und leicht andrücken. Die Brote vorsichtig erst in der Milchmischung, dann sorgfältig in den Haferflocken wenden, auf das Backblech legen und die Butter in kleinen Flöckchen darüber verteilen.

3 Die Toasts auf der mittleren Schiene im Ofen etwa 15 Minuten goldbraun backen, nach der Hälfte der Backzeit wenden und nach dem Anrichten mit dem Ahornsirup beträufeln.

00:15

00:25

# OFENSCHLUPFER-APFELPFANNKUCHEN

## mit Vanillequark

**Dies ist eine Kreuzung aus einem fluffigen Frühstückskuchen und einem klassischen Apfelpfannkuchen. Das Besondere daran ist, dass man ihn nicht wie üblich in der Pfanne, sondern im Ofen backt. So erspart man sich das leidige Wenden.**

**Für 3 Personen**

| | |
|---|---|
| 100 g | Margarine |
| 2 | Eier |
| 3 EL | Zucker |
| 250 g | Dinkelmehl |
| 1 TL | Backpulver |
| 120 ml | Milch |
| 2 | Äpfel |
| 3 EL | Mandelblättchen |
| 3 EL | Honig |
| 200 g | Magerquark |
| 4 EL | Sahne |
| 1 | Päckchen Vanillezucker |
| | Puderzucker zum Bestäuben |

**Zutaten-Karussell**

Statt Äpfeln kann man im Sommer auch frische Beeren, im Herbst Pflaumen und im Winter Birnen verwenden.

**1** Den Backofen auf 180 °C Ober-/Unterhitze vorheizen und eine ofenfeste Pfanne (Ø 24 cm) mit etwas Margarine einfetten. Die Eier trennen und das Eiweiß mit den Rührstäben des Handrührgeräts steif schlagen. Die restliche Margarine mit Eigelb und Zucker in einer Schüssel schaumig rühren. Dinkelmehl, Backpulver und Milch dazugeben und alles zu einem glatten Teig verrühren. Das Eiweiß unterheben und den Teig in die gefettete Pfanne füllen.

**2** Die Äpfel schälen, das Kerngehäuse entfernen und die Äpfel in dünne Spalten schneiden. Die Apfelspalten gleichmäßig auf dem Teig verteilen, leicht eindrücken und die Mandelblättchen darüberstreuen. Den Pfannkuchen auf der mittleren Schiene im Ofen etwa 30 Minuten backen und 10 Minuten vor Ende der Backzeit mit 2 EL Honig beträufeln.

**3** Für den Vanillequark Quark, Sahne, Vanillezucker und den restlichen Honig in einer Schüssel verrühren. Den ofenwarmen Pfannkuchen mit etwas Puderzucker bestäuben und mit dem Vanillequark servieren.

### Küchen-Know-how

**Statt einer Pfanne kann man auch eine Auflaufform verwenden.**

VEGETARISCH

# MÜSLI

## 4 x anders

**Müsli ist schnell und einfach herzustellen und schmeckt selbst gemacht um Längen besser als das Fertigmüsli aus dem Supermarktregal. Einmal in größerer Menge produziert, ist es trocken gelagert mehrere Wochen haltbar und kann in den unterschiedlichsten Variationen genossen werden. Liebevoll verpackt ist das Frühstücksvergnügen auch ein tolles Geschenk aus der Küche!**

Ergibt 6 Portionen

**KOKOS-BANANEN-MÜSLI**

| | |
|---|---|
| 2 EL | Butter |
| 25 g | Dinkelflocken |
| 60 g | Kokosraspel |
| 100 g | Walnusskerne, grob gehackt |
| 100 g | getrocknete Bananenchips, grob gehackt |
| 5 EL | Honig |

Für 1 Person

**BANANA-SPLIT-MÜSLI**

| | |
|---|---|
| 1 | Banane |
| 200 g | Vanillejoghurt |
| 1 | Portion Kokos-Bananen-Müsli |
| 1 TL | geriebene Zartbitterschokolade |

### KOKOS-BANANEN-MÜSLI

1 Die Butter in einer großen Pfanne zerlassen, alle trockenen Zutaten hineingeben und bei mittlerer Hitze unter Rühren ein paar Minuten rösten. Den Honig über das Müsli träufeln und bei schwacher Hitze weiterrühren, bis das Müsli leicht knusprig ist.

2 Das Müsli gut auskühlen lassen, zerbröseln und in einer gut verschließbaren Blechdose lagern.

### BANANA-SPLIT-MÜSLI

Die Banane schälen, längs halbieren und beide Hälften in einen tiefen Teller geben. Joghurt und Müsli darüber verteilen und mit der Schokolade bestreuen.

00:15

Ergibt 6 Portionen

VEGAN

**KERNIGES KIRSCH-AMARANTH-MÜSLI**

| | |
|---|---|
| 120 g | Haferflocken |
| 70 g | gepopptes Amaranth |
| 80 g | gemischte Kerne (z. B. Sonnenblumen- und Kürbiskerne) |
| 100 g | Mandelblättchen |
| 150 g | getrocknete Kirschen |
| 8 EL | Ahornsirup |

Für 1 Person

VEGETARISCH

**BEERIGER MÜSLI-CRUMBLE**

| | |
|---|---|
| 1 | Handvoll gemischte Beeren |
| 1 EL | Kirschkonfitüre |
| 200 g | Naturjoghurt |
| 1 | Portion Kirsch-Amaranth-Müsli |

## KERNIGES KIRSCH-AMARANTH-MÜSLI

1 Eine große Pfanne erhitzen und alle trockenen Zutaten bei mittlerer Hitze einige Minuten rösten. Den Ahornsirup darüber verteilen, gut unterrühren und die Pfanne vom Herd nehmen.

2 Das Müsli gut auskühlen lassen, zerbröseln und in einer gut verschließbaren Blechdose lagern.

## BEERIGER MÜSLI-CRUMBLE

Die Beeren in einer Schale mit der Gabel zerdrücken und die Konfitüre unterrühren. Joghurt, Beerenkompott und Müsli in einem Glas abwechselnd schichten.

00:15

## IM NU VEGAN!

Statt Naturjoghurt Sojajoghurt verwenden.

VEGAN

00:15

# RÖSTBROTE

3 x anders

Ergibt 3 Portionen

VEGETARISCH

**ROGGEN-BAGUETTE**

| | |
|---|---|
| 7 | getrocknete Feigen |
| 4 EL | geröstete Mandelblättchen |
| 5 EL | Honig |
| 1 Prise | Zimt |
| 3 EL | Olivenöl |
| 6 | Scheiben Roggenbaguette |
| 3 EL | Granatapfelkerne |

Für 1 Person

VEGETARISCH

**GERÖSTETER HEFEZOPF**

| | |
|---|---|
| 1 | Handvoll Himbeeren |
| 1 TL | gehackte Minze |
| 2 TL | Honig |
| 2 EL | Olivenöl |
| 2 | dicke Scheiben Hefezopf |
| 150 g | Schafsjoghurt |

**CAMEMBERT-BROT**

| | |
|---|---|
| 4 | Scheiben Camembert |
| 2 | dicke Scheiben Ciabatta |
| 4 | Scheiben Frühstücksspeck |
| 1 | Handvoll Pilze (z. B. Champignons, Pfifferlinge, Austernpilze) |
| 1 TL | Butter |
| | Salz, Pfeffer |
| 1 TL | gehackter Thymian |

## ROGGENBAGUETTE

mit süßem Feigenpesto

1 Die Feigen in möglichst kleine Stücke schneiden und mit 3 EL Mandelblättchen, Honig, Zimt und etwa 2 EL Wasser in ein hohes Gefäß geben und mit dem Stabmixer fein pürieren.

2 Das Olivenöl in einer Pfanne erhitzen und die Baguettescheiben bei mittlerer Hitze von beiden Seiten knusprig rösten. Die Röstbrote mit dem Feigenpesto bestreichen und mit den Granatapfelkernen und den übrigen Mandelblättchen bestreuen.

## GERÖSTETER HEFEZOPF

mit Schafsjoghurt, Himbeeren und Minzhonig

1 Himbeeren in einer Schüssel mit einer Gabel zerdrücken. Minze und Honig in einer Schale verrühren.

2 Olivenöl in einer Grillpfanne erhitzen und die Hefezopfscheiben von beiden Seiten goldbraun rösten. Das Brot auf einen Teller geben und Joghurt, Himbeeren und Minzhonig darüber verteilen.

## CAMEMBERT-BROT

mit Kräuterpilzen und Bacon

1 Den Backofen auf 200 °C Ober-/Unterhitze vorheizen und ein Backblech mit Backpapier auslegen. Jeweils zwei Scheiben Camembert auf eine Scheibe Ciabatta legen. Brote und Speckstreifen mit etwas Abstand zueinander auf das Backblech legen und auf der mittleren Schiene im Ofen in etwa 10 Minuten knusprig backen.

2 In der Zwischenzeit die Pilze putzen (nur abbürsten, nicht waschen!) und in kleine Stücke schneiden. Die Butter in einer Pfanne erhitzen und die Pilze darin ein paar Minuten anbraten, mit Salz und Pfeffer würzen und mit dem Thymian bestreuen.

3 Die Brote auf einen Teller geben, Pilze darüber verteilen und mit je zwei Scheiben Speck belegen.

VEGETARISCH

# NUSSBRÖTCHEN-KRANZ

## mit Sesam-Honig-Butter

**Ich liebe frisches Brot, deshalb backe ich auch mein Brot immer selbst. Es lohnt sich! Dieses Rezept mit Backpulver ist absolut unkompliziert – die Brötchen sind im Handumdrehen gebacken, duften herrlich nach Nüssen und sind vor allem in Kombination mit der süßen Butter ein Hochgenuss!**

Für 6 Personen

### NUSSBRÖTCHENKRANZ

| | |
|---|---|
| 250 g | Magerquark |
| 1 | Ei |
| 35 g | Margarine |
| 200 g | Dinkelmehl |
| 2 | Päckchen Backpulver |
| 150 g | Mehl |
| 1 TL | Salz |
| 1 TL | Zucker |
| 5 EL | gehackte Walnusskerne |
| 5 EL | gehackte Haselnusskerne |

### SESAM-HONIG-BUTTER

| | |
|---|---|
| 200 g | Joghurtbutter |
| 30 g | Sesam |
| 4 EL | Honig |

**Zutaten-Karussell**

Den Brötchenteig kann man mit Leinsamen, Haferflocken oder Kokosraspeln im Nu aufpeppen!

**1** Den Backofen auf 180 °C Ober-/Unterhitze vorheizen und ein Backblech mit Backpapier auslegen. Alle Zutaten für den Nussbrötchenkranz in eine Schüssel geben und mit den Händen zu einem festen Brotteig verkneten. Aus dem Teig etwa zwölf kleine Brötchen formen und diese als Kranz auf das Backblech legen, sodass die Brötchen an den Seiten eng aneinander liegen. Den Nussbrötchenkranz auf der mittleren Schiene in etwa 30 Minuten goldbraun backen.

**2** Für die Sesam-Honig-Butter die Butter in einer Schüssel weich werden lassen. Sesam und Honig dazugeben und alles mit Hilfe einer Gabel sorgfältig vermengen. Die Butter auf ein Backpapier geben, darin zu einer Rolle formen und im Kühlschrank fest werden lassen. Die Sesam-Honig-Butter zusammen mit den warmen Brötchen servieren.

**DAS PASST DAZU!**

Die Nussbrötchen schmecken auch mit Käse oder Frischkäse köstlich!

für
Charlotte
00:30

VEGETARISCH
00:25

# ARTISCHOCKEN-KARTOFFEL-FRITTATA

Das Rezept für diese Frittata habe ich von meinem Opa. Denn er liebt seit jeher Artischocken in unterschiedlichster Zubereitung. Er verwendet für seine Frittata meist frische Artischocken, die er, bewaffnet mit einem scharfen Küchenmesser und dicken Handschuhen (denn Artischocken färben die Hände lila), auf der Wiese in unserem Garten mühsam schält. Um das schmackhafte Herz der Artischocke von den harten Außenblättern zu befreien, sind nämlich Geduld und Fingerspitzengefühl nötig. Und der Abfall, der dabei entsteht, ist auch nicht gerade unerheblich! Nicht zuletzt deshalb sind Artischocken aus dem Glas oder der Dose eine praktische Alternative.

**Für 2 Personen**

| | |
|---|---|
| 2 | mittelgroße festkochende Kartoffeln |
| 1 Dose | Artischockenherzen (240 g) |
| 4 | Eier |
| | Salz, Pfeffer |
| 2 EL | Olivenöl |

**Küchen-Know-how**

Um Zeit zu sparen, kann man die Kartoffeln schon am Vortag kochen und bis zur Verwendung ungeschält im Kühlschrank lagern.

**1** Die Kartoffeln in kochendem Salzwasser weich garen, abgießen und auskühlen lassen. Schälen und in dünne Scheiben schneiden. Die Artischocken in einem Sieb gut abtropfen lassen und der Länge nach halbieren. Die Eier in einer Schüssel mit etwas Salz und Pfeffer verquirlen.

**2** Das Olivenöl in einer Pfanne (Ø 22 cm) erhitzen. Die Kartoffelscheiben darin verteilen und von beiden Seiten goldbraun braten. Die Artischockenherzen gleichmäßig zwischen den Kartoffelscheiben verteilen und kurz mitbraten. Kartoffeln und Artischocken etwas salzen, die Hitze herunterschalten und die Eiermasse gleichmäßig über dem Gemüse verteilen.

**3** Die Frittata bei mittlerer Hitze stocken lassen, dabei mehrmals mit der Gabel einstechen und die Stelle leicht auseinanderziehen, sodass das noch flüssige Ei, das sich an der Oberfläche befindet, ebenfalls stocken kann. Wenn die Frittata auf der Unterseite leicht gebräunt und der Großteil der Eiermasse gestockt ist, die Ränder mit Hilfe eines Pfannenwenders von der Pfanne lösen. Die Pfanne mit einem großen Teller abdecken und die Frittata darauf stürzen. Die Frittata vom Teller wieder zurück in die Pfanne gleiten lassen, bei mittlerer Hitze so lange weiterbraten, bis sie auch auf der anderen Seite goldbraun ist, und servieren.

00:20

# FRÜHSTÜCKSSOUFFLÉ

## mit Toast, Schinken, Käse und Ei

**Für 2 Personen**

| | |
|---|---|
| 2 TL | Butter |
| 1 | Ei |
| 200 ml | Milch |
| | Salz |
| 4 | Scheiben Toastbrot |
| 150 g | geriebener Emmentaler |
| 2 | große Scheiben gekochter Schinken |

**In Wirklichkeit ist das kein Soufflé. Aber dieses Gericht servierte uns vor Jahren die Mutter einer Freundin in Griechenland – und dort nennt man eigentlich alles Soufflé, was nur im Entferntesten so aussieht und heiß aus dem Ofen kommt. Und dieser schnelle Toastauflauf mit Schinken und knuspriger Käsekruste schmeckt so gut, dass wir ihn oft bei uns zu Hause nachkochten und nach einiger Zeit auch selbst Soufflé nannten …**

**1** Den Backofen auf 180 °C Ober-/Unterhitze vorheizen und eine Auflaufform (Ø 16 cm) mit 1 TL Butter einfetten. Ei, Milch und etwas Salz in einer Schüssel verquirlen. Zwei Toastbrotscheiben von beiden Seiten gut in der Milchmischung einweichen lassen und den Boden der Auflaufform damit auslegen. Die Toastbrotscheiben dazu eventuell zurechtschneiden.

**2** Die Hälfte des Käses und die Schinkenscheiben abwechselnd darüber verteilen. Die zwei anderen Toastbrotscheiben ebenfalls in der Milchmischung einweichen und darauflegen. Das Soufflé mit dem restlichen Käse bestreuen. Die restliche Butter in Flöckchen darüber verteilen.

**3** Das Soufflé auf der mittleren Schiene im Ofen etwa 20 Minuten goldbraun backen und heiß servieren.

## IM NU VEGETARISCH!

**Den Schinken durch gehobelte Pilze und in dünne Scheiben geschnittene Tomaten ersetzen.**

VEGETARISCH

# FRÜHSTÜCKSGLÜCK

3 x anders

Für jeweils 1 Person

**BROMBEER-KOKOS-PORRIDGE**

VEGETARISCH

| | |
|---|---|
| 100 ml | Milch |
| 80 ml | Kokosmilch |
| 7 EL | Haferflocken |
| 2 EL | Honig |
| 1 | Handvoll Brombeeren |
| 1 EL | gehackte Haselnusskerne |

**NUSS-POLENTA**

VEGETARISCH

| | |
|---|---|
| 250 ml | Milch |
| 4 | gehäufte EL Polenta (60 g) |
| 2 EL | Zucker |
| 2 EL | gemahlene Haselnusskerne |
| 1 | Handvoll Himbeeren |
| 1 EL | geröstete Mandelblättchen |

**ORIENTALISCHER HIRSE-PILAW**

VEGAN

| | |
|---|---|
| 1 | Birne |
| 2 EL | getrocknete Cranberrys |
| 1 EL | Margarine |
| 4 | gehäufte EL Hirse (60 g) |
| 1 EL | brauner Zucker |
| 1 | Zimtstange |
| 2 | Nelken |

## BROMBEER-KOKOS-PORRIDGE

mit Haselnüssen und Honig

1 Milch und Kokosmilch in einem Topf erhitzen und die Haferflocken in eine Frühstücksschüssel geben. Die heiße Milch und 1 EL Honig zu den Flocken geben, alles gut verrühren und etwa 10 Minuten quellen lassen.

2 Die Brombeeren halbieren und mit den Haselnüssen und dem restlichen Honig über dem Porridge verteilen.

## NUSS-POLENTA

mit Himbeeren und Mandeln

1 Die Milch in einem kleinen Topf zum Kochen bringen. Polenta, Zucker und Haselnüsse einrieseln lassen und alles kurz aufkochen. Die Hitze zurückschalten und den Brei bei schwacher Hitze und unter gelegentlichem Umrühren etwa 10 Minuten köcheln lassen.

2 In der Zwischenzeit die Himbeeren in eine Schale geben und mit einer Gabel zerdrücken. Die Polenta anrichten, die Himbeeren darübergeben und mit den Mandelblättchen bestreuen.

## ORIENTALISCHER HIRSE-PILAW

mit Birne, Cranberrys und Gewürzen

1 Die Birne schälen, vom Kerngehäuse befreien und würfeln, die Cranberrys grob hacken. Die Margarine in einem kleinen Topf zerlassen und die Birne darin ein paar Minuten dünsten. 250 ml Wasser, Hirse, Zucker, Zimtstange und Nelken dazugeben. Den Pilaw zum Kochen bringen und anschließend bei sehr schwacher Hitze etwa 20 Minuten köcheln lassen. Wenn die Hirse das Wasser fast ganz aufgenommen hat, den Topf vom Herd nehmen und den Pilaw weitere 10 Minuten gar ziehen lassen.

2 Die Gewürze entfernen, die Cranberrys unterrühren und den Pilaw anrichten.

00:20
00:35
00:15

VEGETARISCH

# SUPER-FLUFFIGE BANANEN-PANCAKES

## mit Honig und Walnüssen

**Schon normale Pfannkuchen sind ein Frühstück, für das man gerne mal etwas früher aus dem Bett hüpft, um sie vorzubereiten. Aber diese Bananen-Pancakes sind wirklich eine Wucht! Perfekt für jeden, der es süß, warm, aber trotzdem auch ein bisschen herzhaft mag.**

**Für 2 Personen**

| | |
|---|---|
| 1 | Ei |
| 1 TL | Zucker |
| 200 ml | Milch |
| 150 g | Mehl |
| 1 | Päckchen Backpulver |
| 2 | Bananen |
| | Pflanzenöl |
| 4 EL | Honig |
| 3 EL | gehackte Walnusskerne |

**1** Ei und Zucker in einer Schüssel mit dem Schneebesen schaumig schlagen und die Milch unterrühren. Mehl und Backpulver nach und nach dazugeben und zu einem glatten, leicht zähflüssigen Teig verrühren. Bananen schälen und in dünne Scheiben schneiden.

**2** Ein paar Tropfen Öl in einer beschichteten Pfanne erhitzen. 2 gehäufte EL Teig hineingeben und zu einem etwa 9 cm großen Pancake verstreichen. Ein paar Bananenscheiben darauf verteilen und leicht eindrücken. Den Pancake von der Unterseite goldbraun backen, wenden und auch von der anderen Seite bräunen. Mit dem restlichen Teig und den übrigen Bananenscheiben genauso verfahren, bis alles aufgebraucht ist. Dabei nach jedem Pancake etwas Öl in die Pfanne geben.

**3** Die Pancakes auf zwei Tellern stapeln. Honig mit 3 EL Wasser verrühren und in der Mikrowelle oder in einem kleinen Topf leicht erwärmen. Die Pancakes mit dem Honig beträufeln und mit Walnüssen bestreuen.

00:30

VEGETARISCH

# CROQUE MADAME

| Für 1 Person | |
|---|---|
| 1 | Champignon |
| 1 | Tomate |
| 2 EL | fein gehacktes Basilikum |
| 2 EL | geriebener Parmesan |
| | Olivenöl |
| | Salz, Pfeffer |
| 2 | Scheiben Vollkorntoast |
| 3 EL | geriebener Mozzarella |
| 1 | Ei |
| 1 | Handvoll Rucola |

00:20

**1** Den Backofen auf 200 °C Ober-/Unterhitze vorheizen und einen Backrost mit Backpapier belegen. Den Champignon mit dem Gurkenhobel in dünne Scheiben hobeln und die Tomate in dünne Scheiben schneiden. Basilikum, Parmesan, 2 EL Olivenöl und etwas Salz und Pfeffer in einer Schale zu einem Pesto verrühren.

**2** Die Brotscheiben mit dem Pesto bestreichen. Pilz, Tomate und Mozzarella auf eine Scheibe Brot schichten und mit der zweiten Brotscheibe bedecken, wobei die Seite mit dem Pesto oben sein sollte. Das Brot auf den Rost legen und diesen auf der mittleren Schiene in den Ofen schieben. Den Toast in etwa 10 Minuten knusprig backen.

**3** In der Zwischenzeit so viel Olivenöl in eine kleine Pfanne geben, dass der Pfannenboden bedeckt ist, und erhitzen. Das Ei hineinschlagen, salzen und die Hitze herunterschalten. Das heiße Olivenöl mit Hilfe eines Esslöffels vorsichtig auf das Ei schöpfen und das Ei so bei mittlerer Hitze gar braten.

**4** Das Sandwich auf einen Teller geben, den Rucola darüber verteilen, das Spiegelei daraufgeben und mit etwas Pfeffer bestreuen.

# CROQUE MONSIEUR

00:10

**Für 1 Person**

| | |
|---|---|
| 2 | Scheiben Toastbrot |
| 2 TL | Butter |
| 1 TL | mittelscharfer Senf |
| 3 | dünne Scheiben gekochter Schinken |
| 3 | dünne Scheiben Salami |
| 5 EL | geriebener Emmentaler |

**1** Den Backofen auf 200 °C Ober-/Unterhitze vorheizen und einen Backrost mit Backpapier belegen. Die Toastbrotscheiben leicht toasten und mit 1 TL Butter bestreichen. Eine Brotscheibe zusätzlich mit Senf bestreichen und abwechselnd mit Schinken, Salami und der Hälfte des Käses belegen. Das Sandwich mit der zweiten Brotscheibe bedecken und leicht andrücken.

**2** Den restlichen Käse über dem Sandwich verteilen und die übrige Butter in Flöckchen darauf verteilen. Den Backrost auf der mittleren Schiene in den Ofen schieben und den Toast in 10 Minuten goldbraun und knusprig backen.

SUPPEN,
Salate
UND
SNACKS

# SUPPEN, SALATE UND SNACKS

Es muss nicht immer ein klassisches Hauptgericht sein – manchmal reicht auch eine leckere Kleinigkeit, um uns mit frischer Energie zu versorgen.

Suppen sind – vor allem an kalten Tagen – wahre Seelentröster. Sie sind außerdem ruck, zuck gemacht und schmecken selbst gekocht viel besser als aus der Tüte.

Auch Salate – kombiniert mit Fleisch, Fisch, Tofu und mehr – können den Hunger stillen. Super gesund sind sie außerdem.

Darüber hinaus findet ihr in diesem Kapitel Rezepte für Sandwiches & Co. – lauter tolle Ideen, die schnell auf dem Tisch stehen und satt und zufrieden machen.

# SALAT LEXIKON

## 1 / ENDIVIENSALAT

Der Endiviensalat hat sehr saftige, knackige grüne Blätter und einen süßlich-herben Geschmack. Je weiter außen die Blätter sind, desto intensiver sind sie im Geschmack und passen gut zu vollmundigen Zutaten wie Käse oder Schinken.

## 2 / CHICORÉE

Der angenehm bittere Chicorée hat feste, sehr saftige Blätter und schmeckt mit einem cremigen Dressing, mit Nüssen oder zu leicht säuerlichen Früchten wie Mandarinen, Orangen oder Äpfeln gut. Aber auch gebraten oder gratiniert ist er etwas ganz Besonderes.

## 3 / RADICCHIO

Der herbe Radicchio bringt durch seine außergewöhnliche Farbe Pepp in jeden gemischten Salat. In schmale Streifen geschnitten und kurz vor dem Servieren untergerührt macht er aber auch aus Pasta- und Risottogerichten einen wahren Augenschmaus.

## 4 / EICHBLATTSALAT

Der saftige Eichblattsalat sieht nicht nur schön aus, sondern passt dank seines nussig-kräftigen Geschmacks gut zu frischen Früchten wie Trauben, Erdbeeren oder Birnen, aber auch zu würzigem Käse und intensiven Dressings.

## 5 / KOPFSALAT

Der weichblättrige Kopfsalat ist der Klassiker unter den Salaten. Er schmeckt sehr mild und eignet sich daher bestens als leichte Vorspeise oder Salatbeilage. Die großen Außenblätter können außerdem prima als essbare Servierschalen dienen.

## 6 / RUCOLA

Die kleinen, gezackten Rucolablätter sind würzig-scharf und passen besonders gut zu Tomaten und Mozzarella. Aber auch in Pasta, Pesto und Risotto schmeckt Rucola einzigartig gut und kann im Sommer auch nur mit etwas Olivenöl und gehobeltem Parmesan genossen werden.

## 7 / RÖMERSALAT

Der knackige und leicht würzige Römersalat schmeckt nicht nur im amerikanischen Caesar's Salad, sondern auch in Kombination mit anderen Salatsorten hervorragend. Besonders cremige Joghurt- oder Sauerrahmdressings unterstreichen seinen kräftigen Geschmack.

## 8 / EISBERGSALAT

Eisbergsalat ist mild, knackig und saftig und eignet sich ideal als Partysalat oder als Salatbeilage in einem Sandwich oder Hamburger, weil er nicht so schnell zusammenfällt und matschig wird.

## 9 / LOLLO BIONDA

Der Lollo bionda gehört wie der Lollo rosso zu der Gruppe der Lattichgewächse. Seine stark gekrausten Blätter tragen sehr gut schwere Dressings, welche nicht zu sparsam verwendet werden sollten. Der Lollo bionda schmeckt weniger bitter als der Lollo rosso und ist gut mit anderen Salatsorten zu kombinieren.

## 10 / LOLLO ROSSO

Der Lollo rosso ist der Krauskopf unter den Salaten. Seine kräftigen Blätter schmecken angenehm bitter und beinahe nussig und eignen sich perfekt als Garnitur.

VEGETARISCH

# DRESSINGS & VINAIGRETTES

Für jeweils 2 Personen

## SENFDRESSING

| | |
|---|---|
| 2 TL | mittelscharfer Senf |
| 1 EL | Zucker |
| 3 EL | heller Balsamico-Essig |
| 5 EL | Olivenöl |
| | Salz, Pfeffer |

## HONIG-BALSAMICO-VINAIGRETTE

| | |
|---|---|
| 3 EL | dunkler Balsamico-Essig |
| 5 EL | Olivenöl |
| 2 EL | Honig |
| | Salz, Pfeffer |

## ZITRONEN-JOGHURT-DRESSING

| | |
|---|---|
| 200 g | Naturjoghurt |
| 1 TL | geriebener Ingwer |
| 1 EL | gehackter Koriander |
| 1 EL | Zitronensaft |
| | Salz, Pfeffer |
| 1 Prise | Zucker |

Senf, Zucker, Essig, Olivenöl und 4 EL Wasser in einer Schale kräftig verrühren und das Dressing mit Salz und Pfeffer abschmecken.

Essig, Olivenöl, Honig und 4 EL Wasser in einer Schale kräftig verrühren und die Vinaigrette mit Salz und Pfeffer abschmecken.

Joghurt, Ingwer, Koriander, Zitronensaft und 4 EL Wasser in ein hohes Gefäß geben und mit dem Stabmixer fein pürieren. Das Dressing mit Salz, Pfeffer und Zucker abschmecken.

**IM NU VEGAN!**

**Den Honig bei der Honig-Balsamico- und der Himbeer-Limetten-Vinaigrette durch Zuckerrüben-, Agaven- oder Ahornsirup ersetzen.**

VEGAN

00:10

Für jeweils 2 Personen

**EXOTEN-DRESSING**

| | |
|---|---|
| 150 g | Crème fraîche |
| 6 EL | Kokosmilch |
| 2 EL | Tomatenketchup |
| 1 EL | fein gehackter Dill |
| | Salz, Pfeffer |
| 1 | Prise Zucker |

**HIMBEER-LIMETTEN-VINAIGRETTE**

| | |
|---|---|
| 125 g | Himbeeren |
| 2 EL | Limettensaft |
| 2 EL | Honig |
| 5 EL | Olivenöl |
| 2 EL | heller Balsamico-Essig |
| 4 EL | Apfelsaft |
| | Salz, Pfeffer |

**Zutaten-Karussell**

Das Olivenöl einfach mal durch Kürbiskern-, Walnuss- oder Erdnussöl ersetzen.

Crème fraîche, Kokosmilch, Ketchup, Dill und 3 EL Wasser in einer Schale kräftig verrühren und das Dressing mit Salz, Pfeffer und Zucker abschmecken.

Himbeeren, Limettensaft, Honig, Olivenöl, Essig und Apfelsaft in ein hohes Gefäß geben, mit dem Stabmixer pürieren und die Vinaigrette mit Salz und Pfeffer abschmecken.

## Küchen-Know-how

1. Salate so frisch wie möglich verwenden und erst kurz vor dem Essen zubereiten, um möglichst viele Vitamine und Mineralstoffe zu erhalten.
2. Salat putzen: Alle vertrockneten, welken oder unansehnlichen Blätter, Faulstellen und den Strunk entfernen.
3. Salat waschen: Die unzerkleinerten Salatblätter in einer Schüssel mit viel kaltem Wasser gründlich, aber vorsichtig waschen, sodass alle Schmutzpartikel entfernt werden, die Blätter aber knackig bleiben.
4. Salat trocknen: Nur ein trockener Salat kann sich schön mit dem Dressing verbinden. Wenn man keine Salatschleuder hat, kann man den Salat in ein großes Sieb geben und vorsichtig schütteln, bis das meiste Wasser abgetropft ist.
5. Salat zerkleinern: Je härter und bitterer die Blätter, desto kleiner sollte der Salat geschnitten werden. Weiche Sorten, wie Kopf- oder Endiviensalat, kann man auch mit den Fingern in kleine Stücke zupfen.
6. Salat anmachen: Zarte Salatsorten wie Kopf- oder Feldsalat erst kurz vor dem Servieren anmachen. Festere Sorten wie Eisberg- oder Römersalat ruhig etwas durchziehen lassen.

VEGETARISCH

# SALATE

als Sattmacher

00:25

## IM NU VEGETARISCH!

Statt Hähnchenfleisch kann man auch 1 Aubergine in etwa 1,5 cm große Würfel schneiden und braten oder nur Datteln, Mandeln und Rosinen anbraten und den Salat zum Schluss mit etwas zerbröckeltem Ziegen- oder Schafskäse bestreuen.

VEGETARISCH

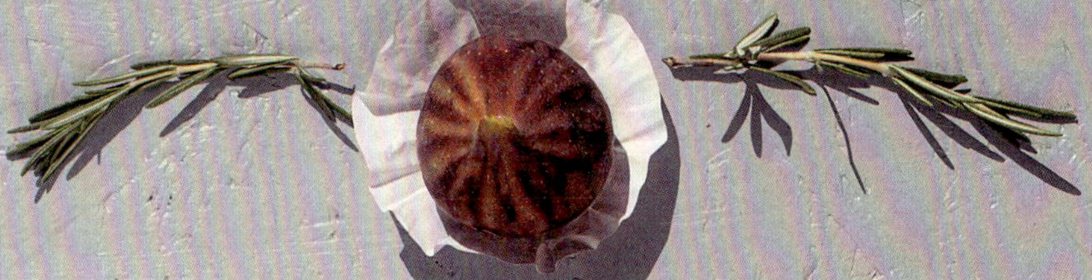

Für jeweils 2 Personen

**APHRODITES LIEBLINGSSALAT**

| | |
|---|---|
| 8 | getrocknete Datteln |
| 2 EL | ungeschälte Mandeln |
| 2 EL | Rosinen |
| 2 | Hähnchenbrüste |
| 5 EL | Olivenöl |
| | Salz und Pfeffer |
| 3 TL | Honig |
| 200 g | junger Spinat |
| ½ | Radicchio |
| 3 | Feigen |
| 2 EL | geröstete Mandelblättchen |

**FRANZÖSISCHER HIRTENSALAT**

VEGETARISCH

| | |
|---|---|
| 8 | dünne Scheiben Vollkornbaguette |
| 1 | Ziegenkäserolle (180 g) |
| 3 EL | grob gehackte Walnusskerne |
| 6 | kleine Zweige Rosmarin |
| 2 EL | Honig |
| 100 g | Feldsalat |
| ½ | Friséesalat |
| 1 | Grundrezept Himbeer-Limetten-Vinaigrette (s. S. 43) |
| 2 EL | gemischte Kerne (z. B. Kürbis- und Sonnenblumenkerne) |

## APHRODITES LIEBLINGSSALAT

1 Die Datteln ensteinen und in kleine Würfel schneiden, die Mandeln halbieren und die Rosinen grob hacken. Das Hähnchenfleisch waschen, trocken tupfen und in mundgerechte Stücke schneiden.

2 3 EL Olivenöl in einer Pfanne erhitzen und das Fleisch darin von allen Seiten goldbraun braten, salzen und pfeffern. Datteln, Mandeln, Rosinen und 2 TL Honig dazugeben, alles gut verrühren, kurz weiterbraten und die Pfanne vom Herd nehmen.

3 Den Spinat waschen, trocknen und in eine Schüssel geben. Den Radicchio in schmale Streifen schneiden und mit 2 EL Olivenöl, 1 TL Honig und etwas Salz und Pfeffer unter den Spinat mischen. Die Feigen vierteln.

4 Den Salat anrichten, Fleisch und Feigen darüber verteilen und mit den Mandelblättchen bestreuen.

## FRANZÖSISCHER HIRTENSALAT

mit Ziegenkäse Crostini

1 Den Backofen auf 200 °C Ober-/Unterhitze vorheizen. Einen Backrost mit Backpapier auslegen und die Baguettescheiben darauf verteilen. Den Ziegenkäse in acht Scheiben schneiden und die Brote damit belegen. Walnüsse und jeweils einen Zweig Rosmarin darauf verteilen und mit etwas Honig beträufeln. Die Crostini auf der mittleren Schiene im Ofen etwa 6 Minuten backen.

2 In der Zwischenzeit die Salate waschen, trocknen, wenn nötig, in mundgerechte Stücke zupfen, und anrichten. Die Vinaigrette zubereiten wie im Grundrezept beschrieben und über den Salat träufeln. Die Kerne darüberstreuen und die Crostini darauf anrichten.

00:40

Für jeweils 8 Stücke

## GRUNDREZEPT MÜRBETEIG

| | |
|---|---|
| 100 g | Margarine |
| 200 g | Mehl |
| ½ TL | Salz |
| 1 | Ei |

## LAUCHKUCHEN

| | |
|---|---|
| 1 | Grundrezept für Mürbeteig |
| 1 | Stange Lauch |
| 2 EL | Olivenöl |
| 2 | Eier |
| 150 g | Crème fraîche |
| 100 ml | Kochsahne |
| 60 g | Parmesan, gerieben |
| | Salz |
| | Pfeffer |

## TOMATEN-QUICHE

VEGETARISCH

| | |
|---|---|
| 1 | Grundrezept für Mürbeteig |
| 1 | Tomate |
| 1 | Bund Basilikum |
| 150 g | Brie |
| 2 | Eier |
| 150 g | Crème fraîche |
| 100 ml | Kochsahne |
| | Salz, Pfeffer |
| 5 | Scheiben Parmaschinken |

# GRUNDREZEPT MÜRBETEIG

1 Den Backofen auf 200 °C Ober-/Unterhitze vorheizen und eine Quicheform (Ø 24 cm) mit etwas Margarine einfetten. Mehl, Salz, Ei und restliche Margarine in einer Schüssel zu einem festen Teig verkneten. Den Teig mit den Fingern gleichmäßig auf Boden und Rand der Form verteilen und den Boden mehrmals mit einer Gabel einstechen.

2 Den Teigboden auf der mittleren Schiene im Ofen etwa 7 Minuten backen, dann füllen und etwa 40 Minuten weiterbacken. Die Quiche nach 30 Minuten eventuell mit etwas Alufolie abdecken, damit die Oberfläche nicht zu dunkel wird.

# LAUCHKUCHEN

1 Den Quicheboden zubereiten wie im Grundrezept beschrieben. Für die Füllung den Lauch in dünne Ringe schneiden, waschen und trocknen.

2 Das Olivenöl in einer Pfanne erhitzen und den Lauch darin ein paar Minuten braten, bis er weich wird. Nacheinander die Eier, gefolgt von Crème fraîche, Kochsahne und Parmesan in einer Schüssel verrühren und kräftig mit Salz und Pfeffer würzen.

3 Den Lauch unter die Eiermischung rühren, die Füllung in die Quicheform geben und wie oben beschrieben backen.

# TOMATEN-QUICHE

mit Brie, Parmaschinken und Basilikum

1 Den Quicheboden zubereiten wie im Grundrezept beschrieben. Die Tomate halbieren, entkernen und in dünne Scheiben schneiden, das Basilikum fein hacken und den Brie in dünne Scheiben schneiden.

2 Eier, Crème fraîche, Kochsahne und Basilikum in einer Schüssel verrühren und kräftig mit Salz und Pfeffer würzen. Die Tomatenscheiben auf dem Quicheboden verteilen und die Füllung darübergießen. Brie und Schinken darauf verteilen und die Quiche wie oben beschrieben backen.

VEGETARISCH

# FEURIG GEFÜLLTE PEPERONCINI

## mit Salsa und Knoblauchbrot

**In Italien heißen die kleinen, scharfen Chilischoten Peperoncini, in Griechenland die milderen Spitzpaprikaschoten. Gefüllte Peperoncini, also Paprika, gab es bei uns zu Hause immer, wenn Gäste zu Besuch kamen und meine Mama ihnen etwas Außergewöhnliches anbieten wollte. Und das sind die zarten Peperoncini mit der feurigen Schafskäsefüllung nun wirklich! Vor allem, wenn man sich auch noch die Mühe macht, dazu dieses herrlich duftende, superknusprige Knoblauchbrot zu backen.**

**Für 2 Personen**

| | |
|---|---|
| 200 g | Schafskäse |
| 1 | Chilischote |
| 1 EL | gehackte Minze |
| 3 EL | gehackte Petersilie |
| 1 | Zwiebel |
| 250 g | frische Tomaten |
| 100 g | passierte Tomaten |
| | Salz, Pfeffer |
| | Zucker |
| 6 | Spitzpaprika |
| 1 EL | Pflanzenöl |
| 4 EL | geriebener Emmentaler |
| 4 | Knoblauchzehen |
| 4 EL | Olivenöl |
| 1 | kleines Ciabattabrot |

1. Den Schafskäse in eine Schüssel geben und mit einer Gabel zerdrücken. Die Chilischote fein hacken und mit Minze und 1 EL Petersilie unter den Schafskäse rühren.

2. Für die Salsa die Zwiebel schälen und in kleine Würfel schneiden. Die Tomaten entkernen, in kleine Stücke schneiden und mit den passierten Tomaten, 1 EL Petersilie, der Zwiebel und 1 Prise Zucker in einen hohen Becher geben. Die Salsa mit dem Stabmixer fein pürieren und mit Salz, Pfeffer und Zucker abschmecken. 2 EL von der Salsa unter die Schafskäsefüllung rühren und den Rest in zwei ofenfesten Auflaufförmchen (Ø 14 cm) verteilen.

3. Den Backofen auf 200 °C Ober-/Unterhitze vorheizen. Oben am Stielansatz von den Peperoncini einen Deckel abschneiden, beiseitelegen und die Kerne und Scheidewände der Peperoncini entfernen. Das Öl in einer Pfanne erhitzen und die Peperoncini darin von allen Seiten einige Minuten braten, bis sie leicht braune Stellen haben. Etwas abkühlen lassen, mit Hilfe eines kleinen Löffels mit dem Schafskäse füllen, den Deckel aufsetzen. Jeweils drei Stück in ein Auflaufförmchen legen und mit dem Emmentaler bestreuen. Die Peperoncini auf der mittleren Schiene im Ofen etwa 30 Minuten backen.

4. In der Zwischenzeit für das Knoblauchbrot die Knoblauchzehen schälen, mit Olivenöl und der restlichen Petersilie in ein hohes Gefäß geben und mit dem Stabmixer fein pürieren. Das Ciabattabrot waagerecht halbieren, beide Hälften mit dem Knoblauchöl bestreichen und die letzten 10 Minuten mit auf den Backrost legen. Das Knoblauchbrot zusammen mit den Peperoncini servieren.

**DAS PASST DAZU!**

Die Peperoncini lassen sich auch sehr gut zu warmen Nachos servieren.

00:35

**IM NU VEGAN!**

Statt Hähnchen Tofu oder Gemüse, wie etwa Zucchini, Aubergine oder Paprika, verwenden.

VEGAN

# HÄHNCHEN-SOUVLAKI

## mit Fladenbrot und Zitronen-Olivenöl-Vinaigrette

**Souvlaki gibt es in Griechenland nicht ohne Grund an jedem Imbissstand zu kaufen. Schließlich schmecken die saftigen Fleischspieße, die in weiches, leicht öliges Pitabrot gewickelt werden, einfach herrlich. Sie sind auch zu Hause ganz einfach nachzukochen, und mit knackigem Salat und Oregano vermitteln sie selbst im Winter Mittelmeerfeeling.**

**Für 2 Personen**

| | |
|---|---|
| 200 g | Mehl |
| ½ TL | Backpulver |
| | Salz, Pfeffer |
| 11 EL | Olivenöl |
| 2 EL | Zitronensaft |
| 1 TL | getrockneter Oregano |
| 6 | Kirschtomaten |
| 1 | rote Zwiebel |
| 2 | Handvoll gemischter Salat (z. B. Friséesalat, Radicchio, Rucola) |
| 2 | Hähnchenbrüste |

1. Den Backofen auf 180 °C Ober-/Unterhitze vorheizen. Für die Pitabrote Mehl, Backpulver, ½ TL Salz und etwa 10 EL Wasser in einer Schüssel zu einem festen Teig verkneten. Den Teig mit den Händen zu zwei dünnen Pitabroten formen und jedes Brot mehrmals mit einer Gabel einstechen. Auf zwei großen Stücken Alufolie jeweils 2 EL Olivenöl verstreichen. Jeweils ein Pitabrot auf die Folie geben, zuklappen und gut verschließen. Die Pakete auf ein Backblech legen und auf der mittleren Schiene im Ofen etwa 20 Minuten backen. Die Brote nach der Hälfte der Backzeit wenden.

2. In der Zwischenzeit für die Vinaigrette 3 EL Olivenöl, Zitronensaft und Oregano in einer Schale vermischen. Die Kirschtomaten in Scheiben schneiden und die Zwiebel schälen und in dünne Ringe hobeln. Den Salat, wenn nötig, in mundgerechte Stücke zupfen.

3. Für die Souvlaki-Spieße das Hähnchenfleisch waschen, trocken tupfen und in mundgerechte Stücke schneiden. Die Fleischstücke auf zwei Schaschlikspieße stecken und salzen. 4 EL Olivenöl in einer Pfanne erhitzen und die Souvlaki-Spieße darin bei mittlerer Hitze von allen Seiten goldbraun braten.

4. Die Pitabrote aus der Alufolie holen und auf zwei Teller legen. Salat, Zwiebel, Tomaten und jeweils einen Souvlaki-Spieß darauf anrichten. Salat und Fleisch mit der Vinaigrette beträufeln und mit etwas Pfeffer bestreuen.

### Küchen-Know-how

**Die Pitabrote werden in Alufolie gewickelt, damit sie schön weich und biegsam bleiben. Dabei ist es wichtig, dass die Folie gut mit Olivenöl bestrichen wird, damit der Teig nicht ankleben kann.**

# SPARGEL

## mit Schinken und Zitronen-Hollandaise

**Für 2 Personen**

| | |
|---|---|
| 1 kg | weißer Spargel |
| | Salz, Pfeffer |
| 1 TL | Zucker |
| 125 g | Butter |
| 2 | Eigelb |
| 2 EL | Weißwein |
| 1 EL | Zitronensaft |
| 6 | Scheiben gekochter Schinken |
| 1 EL | gehackte Petersilie |

### Küchen-Know-how

**Bei grünem Spargel wird nur das untere Drittel geschält und die holzigen Enden werden abgeschnitten. Die Kochzeit ist etwa 5 Minuten kürzer als beim weißen Spargel. Besonders gut schmeckt grüner Spargel mit etwas Olivenöl, Parmaschinken, gehobeltem Parmesan und frisch gemahlenem Pfeffer.**

1 Spargel mit einem Sparschäler großzügig vom Kopf zum Schnittende hin gleichmäßig schälen, bis keine holzigen Fasern mehr übrig sind, aber dabei die Spargelspitze auslassen. Die trockenen Enden abschneiden und die Spargelstangen mit Küchengarn zu kleinen Päckchen zusammenbinden.

2 Einen Topf, in dem die Spargelstangen waagerecht liegen können, mit so viel Wasser füllen, dass es den Spargel bedeckt. Salz (etwa 1 TL pro Liter) und Zucker ins Wasser geben und zum Kochen bringen. Die Spargelpäckchen in das heiße, nicht kochende, Wasser geben und bei mittlerer Hitze etwa 12 Minuten garen. Mit der Gabel prüfen, ob der Spargel weich ist, und die Päckchen auf einen Teller heben.

3 In der Zwischenzeit für die Zitronen-Hollandaise die Butter zerlassen. Eigelbe, Weißwein und Zitronensaft in einer Schüssel verrühren, diese in ein heißes, nicht kochendes Wasserbad stellen und die Masse weiterrühren. Wenn sie cremig ist und ihr Volumen in etwa verdoppelt hat, die flüssige Butter nach und nach unterrühren. Wenn die Creme leicht eingedickt ist, vom Wasserbad nehmen und mit etwas Salz abschmecken.

4 Spargel, Zitronen-Hollandaise und Schinken zusammen servieren und mit Petersilie bestreuen.

00:35

## Küchen-Know-how

Wer statt einer klaren Fischsuppe eine tomatige Bouillabaisse bevorzugt, ersetzt einfach 500 ml Wasser durch dieselbe Menge passierte Tomaten.

# FISCHSUPPE

## mit Shrimps, Zitrone und Dill

**Viele trauen sich nicht richtig an Fischsuppe heran. Sie könnte zu aufwendig sein, der Fisch zerkochen oder die ganze Wohnung noch Tage später danach riechen. Doch keine Angst vor dieser Suppe – sie ist mit einfachen Zutaten ganz schnell gekocht, riecht wunderbar nach Gemüse, Dill und Zitrone und schmeckt ganz angenehm leicht nach frischem Fisch. Durch die leckeren Shrimps bekommt sie gleichzeitig eine feine Note und den dezenten Geschmack nach Meer, den man sich bei einer richtig guten Fischsuppe wünscht.**

**Für 2 Personen**

| | |
|---|---|
| 1 | Möhre |
| 2 | mittelgroße Kartoffeln |
| 3 | Stangen Sellerie |
| 2 EL | Olivenöl |
| | Salz, Pfeffer |
| 300 g | gemischtes Fischfilet (z. B. Lachs- und Kabeljaufilet) |
| 100 g | Shrimps |
| 4 EL | Zitronensaft |
| 2 EL | gehackter Dill |

**Zutaten-Karussell**

Für die Fischsuppe kann man, je nach Geschmack und Verfügbarkeit, jedes beliebige Fischfilet verwenden, das nicht zu schnell zerfällt. Am besten erkundigt man sich bei seinem Fischhändler. Ansonsten gilt: Probieren geht über Studieren!

1. Möhre und Kartoffeln schälen. Die Möhre der Länge nach halbieren und in dünne Scheiben schneiden. Die Kartoffeln achteln. Den Sellerie in dünne Scheiben schneiden.

2. 1,5 Liter Wasser in einem Topf zum Kochen bringen. Gemüse, Olivenöl und 1 TL Salz hineingeben und alles bei mittlerer Hitze etwa 20 Minuten köcheln lassen.

3. In der Zwischenzeit Fisch und Shrimps mit kaltem Wasser abspülen. Die Fischfilets in etwa 5 cm große Stücke schneiden. Wenn die Kartoffeln weich sind, den Fisch und die Shrimps dazugeben und etwa 10 Minuten bei schwacher Hitze gar ziehen lassen.

4. Die Fischsuppe mit Salz und Pfeffer abschmecken und nach dem Anrichten mit Zitronensaft beträufeln und mit Dill bestreuen.

# KARTOFFELPÜREE

4 x anders

**Für jeweils 2 Personen**

**GRUNDREZEPT**

VEGETARISCH

| | |
|---|---|
| 500 g | mehlig-kochende Kartoffeln |
| | Salz |
| 125 ml | Milch |
| 1 EL | Butter |
| 1 Prise | geriebene Muskatnuss |

**KARTOFFEL-WIRSING-PÜREE**

VEGETARISCH

| | |
|---|---|
| 1 | Grundrezept Kartoffelpüree |
| 250 g | Wirsingblätter |
| 2 TL | Butter |
| 2 EL | geröstete Mandelblättchen |

**SÜSSKARTOFFEL-PÜREE**

VEGETARISCH

| | |
|---|---|
| 500 g | Süßkartoffeln |
| | Salz |
| 50 ml | Kokosmilch |
| 1 EL | Butter |
| 2 EL | geröstete Erdnusskerne |

## KARTOFFELPÜREE GRUNDREZEPT

1 Die Kartoffeln schälen, in einen großen Topf geben, mit Wasser bedecken und mit 1 TL Salz bestreuen. Das Wasser zum Kochen bringen, die Hitze etwas herunterschalten und die Kartoffeln bei mittlerer Hitze etwa 30 Minuten weich kochen.

2 Das Wasser abgießen und die Kartoffeln mit einem Kartoffelstampfer sorgfältig zerstampfen oder durch eine Kartoffelpresse drücken. Milch, Butter und Muskatnuss unterrühren und das Püree mit Salz abschmecken.

## KARTOFFEL-WIRSING-PÜREE

mit Mandeln

1 Das Kartoffelpüree wie im Grundrezept beschrieben zubereiten. Die Wirsingblätter waschen, die Strunkansätze entfernen und den Wirsing in schmale Streifen schneiden. Den Wirsing mit 150 ml Wasser in eine Pfanne geben und erhitzen. Das Gemüse so lange bei mittlerer Hitze dünsten, bis das Wasser verdunstet ist. Die Butter dazugeben, den Wirsing einige Minuten weitergaren und mit Salz und Pfeffer würzen.

2 Den Wirsing kurz vor dem Servieren unter das Püree rühren und nach dem Anrichten mit den Mandelblättchen bestreuen.

## SÜSSKARTOFFELPÜREE

mit Kokosmilch und Erdnüssen

Das Püree wie im Grundrezept beschrieben zubereiten. Dabei die Kartoffeln durch Süßkartoffeln und die Milch durch Kokosmilch ersetzen. Die Erdnüsse grob hacken und über dem Püree verteilen.

00:45

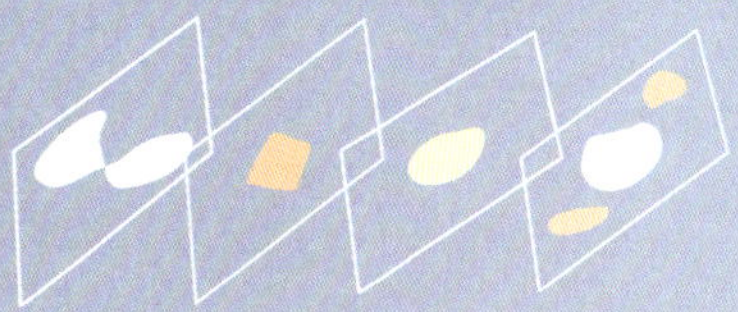

Für jeweils 2 Personen

**KÄSEPÜREE**

| | |
|---|---|
| 1 | Grundrezept Kartoffelpüree |
| 80 g | Gouda, gerieben |
| 2 EL | gewürfelter Speck |
| 1 | große Zwiebel |
| 2 EL | Mehl |
| | Pflanzenöl |

**KARTOFFEL-BROKKOLI-PÜREE**

VEGETARISCH

| | |
|---|---|
| 250 g | Brokkoli |
| 1 | Grundrezept Kartoffelpüree |
| 3 EL | Crème fraîche |
| 2 EL | geröstete Pinienkerne |

## IM NU VEGAN!

**Alle Pürees bis auf das Käsepüree lassen sich auch veganisieren, indem man statt Milch, Butter und Crème fraîche einfach Sojamilch, vegane Margarine und Sojasahne verwendet.**

VEGAN

## KÄSEPÜREE

mit Speck und Knusperzwiebeln

1 Das Kartoffelpüree zubereiten wie im Grundrezept beschrieben. Dabei mit der Milch den Gouda unter die heißen Kartoffeln rühren.

2 Den Speck in einer Pfanne ohne Fett ein paar Minuten auslassen, bis er knusprig ist, und auf einen Teller geben. Die Zwiebel schälen, halbieren und mit einem Gurkenhobel in dünne Scheiben hobeln. Die Zwiebeln in einer Schale sorgfältig mit dem Mehl vermischen.

3 So viel Öl in einer Pfanne erhitzen, dass der Pfannenboden etwa 0,5 cm hoch bedeckt ist, und erhitzen. Die Zwiebeln in kleinen Portionen in das heiße Fett geben, unter ständigem Rühren goldbraun braten, abschöpfen und auf Küchenpapier abtropfen lassen.

4 Das Käsepüree nach dem Anrichten mit Speck und Knusperzwiebeln bestreuen.

## KARTOFFEL-BROKKOLI-PÜREE

mit Crème fraîche und Pinienkernen

1 Den Brokkoli in einem Topf mit kochendem Salzwasser etwa 12 Minuten weich kochen und abgießen. Währenddessen das Kartoffelpüree zubereiten wie im Grundrezept beschrieben. Dabei den Brokkoli zusammen mit den Kartoffeln zerstampfen.

2 Die Crème fraîche unter das heiße Püree rühren und nach dem Anrichten mit den Pinienkernen bestreuen.

VEGETARISCH

# HALLOUMI

## mit Tomatensauce und Kräuter-Knoblauch-Baguette

**Mediterraner geht es nun wirklich nicht: Tomatensauce aus frischen Tomaten mit Rosmarin und Lorbeer, dazu knuspriger Halloumi und ofenwarmes Brot mit Knoblauchbutter. Der perfekte Begleiter, um vom letzten Urlaub im Süden zu schwärmen oder gleich den nächsten zu planen!**

**Für 2 Personen**

| | |
|---|---|
| **8** | **Tomaten** |
| **1** | **Zwiebel** |
| **3** | **Knoblauchzehen** |
| **6 EL** | **Olivenöl** |
| **2** | **Zweige Rosmarin** |
| **2** | **Lorbeerblätter** |
| | **Salz, Pfeffer** |
| **1 Prise** | **Zucker** |
| **1 EL** | **fein gehackter Rosmarin** |
| **1 EL** | **fein gehackter Thymian** |
| **75 g** | **Joghurtbutter** |
| **1** | **kleines Baguette** |
| **250 g** | **Halloumi** |

**Zutaten-Karussell**

Statt Halloumi kann man auch panierten Schafskäse servieren. Dafür zwei Scheiben Schafskäse (à 150 g) erst in etwas Mehl, dann in einem mit etwas Pfeffer und Milch verquirlten Ei und schließlich in Semmelbröseln sorgfältig wenden und in heißem Pflanzenöl ausbacken.

1 Einen großen Topf mit Wasser zum Kochen bringen. Die Tomaten an der Unterseite kreuzweise einritzen, für etwa 2 Minuten in das kochende Wasser geben und abgießen. Die Tomaten kurz auskühlen lassen, schälen, die Kerne entfernen und die Tomaten möglichst klein würfeln. Den dabei austretenden Saft auffangen.

2 Die Zwiebel schälen und würfeln, zwei Knoblauchzehen schälen und in dünne Scheibchen schneiden. 3 EL Olivenöl in einer Pfanne erhitzen und Zwiebel und Knoblauch darin glasig dünsten. Tomaten samt Saft, 100 ml Wasser, die Rosmarinzweige und Lorbeerblätter dazugeben und die Sauce bei mittlerer Hitze so lange köcheln lassen, bis das Wasser verdampft ist und sie eine schöne Konsistenz hat. Die Sauce mit Salz, Pfeffer und Zucker abschmecken.

3 Den Backofen auf 180 °C Ober-/Unterhitze vorheizen. Für das Kräuter-Knoblauch-Baguette den restlichen Knoblauch schälen, durchpressen und mit den gehackten Kräutern, der Butter und etwas Salz und Pfeffer in eine Schale geben. Mit einer Gabel gut vermischen.

4 Das Baguette schräg in 1,5 cm große Stücke schneiden. Aus einem Stück Alufolie eine Schale für das Baguette formen, das Brot hineingeben und auf der mittleren Schiene im Ofen etwa 10 Minuten knusprig backen.

5 In der Zwischenzeit den Halloumi in Scheiben schneiden und das restliche Olivenöl in einer Pfanne erhitzen. Den Halloumi bei mittlerer Hitze von beiden Seiten goldbraun braten und auf der Tomatensauce anrichten. Die Kräuterbutter in den Einschnitten des heißen Baguettes verteilen und dazu reichen.

## HALLOUMI

### Küchen-Know-how

Halloumi ist ein halbfester Käse, der beim Erhitzen die Form behält. Man muss ihn aber so schnell wie möglich servieren, da er beim Erkalten hart wird.

00:40

# DAS ULTIMATIVE STEAK-SANDWICH

**mit gebratenen Tomaten, Avocado, Rucola und Parmesan**

**Für 2 Personen**

| | |
|---|---|
| 1 | Ciabattabrot |
| 1 | Rumpsteak (etwa 300 g) |
| | Salz, Pfeffer |
| 3 EL | Olivenöl |
| 2 | Tomaten |
| 1 | Avocado |
| 2 TL | mittelscharfer Senf |
| 2 | Handvoll Rucola |
| 2 EL | gehobelter Parmesan |

1 Den Backofen auf 180 °C Ober-/Unterhitze vorheizen. Die Ciabatta waagerecht halbieren, auf den Backrost legen und auf der mittleren Schiene im Ofen etwa 8 Minuten knusprig backen.

2 In der Zwischenzeit das Steak gut salzen und mit 2 EL Olivenöl bestreichen. Eine Grillpfanne erhitzen und das Steak von beiden Seiten etwa 2 Minuten grillen, sodass es in der Mitte schön rosig bleibt. Das Steak auf ein Küchenbrett legen und kurz ruhen lassen. In der Zwischenzeit die Tomaten in dünne Scheiben schneiden, in die Pfanne geben, von beiden Seiten kurz angrillen und salzen. Die Avocado der Länge nach halbieren, den Stein entfernen, schälen und in schmale Spalten schneiden. Das Steak in schräge Scheiben schneiden und pfeffern.

3 Den Senf auf der unteren Brothälfte verstreichen und das Brot mit Rucola, Tomaten, Avocado und Steakstreifen belegen. Die Steakstreifen mit dem Parmesan bestreuen und mit der oberen Brothälfte bedecken.

## Küchen-Know-how

**Wer keine Grillpfanne hat, kann auch eine herkömmliche, beschichtete Pfanne verwenden.**

**Die Avocado immer erst kurz vor der Verwendung schälen und schneiden, da das Fleisch schnell braun wird.**

00:35

VEGETARISCH
00:40

# ZUCCHINI-FALAFELN

## mit Sauerrahmcreme und buntem Tomaten-Paprika-Salat

**Zucchini-Falafeln sind das optimale Gericht, wenn man mit Freunden oder Familie einen netten Abend verbringen möchte. Zum einen sind die kleinen Kichererbsenbällchen ganz einfach zuzubereiten. Außerdem kann man die Beilagen in kleinen Schüsseln servieren und sich mit den Händen bedienen, statt mit Messer und Gabel zu essen – das sorgt für eine lockere Atmosphäre und ein bisschen Orientflair.**

**Für 4 Personen**

| | |
|---|---|
| 2 | Knoblauchzehen |
| 200 g | Sauerrahm |
| 3 EL | Olivenöl |
| | Salz, Pfeffer |
| | |
| 1 | Tomate |
| 1 | gelbe Paprikaschote |
| 1 | Römersalat |
| 3 EL | gehackter Koriander |
| | |
| ½ | Zucchini |
| 1 Dose | Kichererbsen (abgetropft ca. 260 g) |
| 4 EL | Mehl |
| 3 EL | Sesamsamen |
| | Pflanzenöl |
| 4 | Weizentortillas |

1. Für die Sauerrahmcreme den Knoblauch schälen und durchpressen. Sauerrahm, Knoblauch, 2 EL Olivenöl und etwas Salz und Pfeffer in einer Schale gut verrühren.
2. Für den Salat die Tomate entkernen und würfeln, die Paprika in kleine Würfel und den Römersalat in kurze, schmale Streifen schneiden. Alles in einer Schüssel vermischen und kurz vor dem Anrichten 1 EL Olivenöl, 1 EL Koriander und etwas Salz und Pfeffer unterrühren.
3. Für die Falafeln die Zucchini grob raspeln, gut ausdrücken und in eine Schüssel geben. Die Kichererbsen gut abtropfen lassen, in ein hohes Gefäß geben und mit dem Stabmixer fein pürieren. Kichererbsen, restlichen Koriander, Mehl, Sesam und reichlich Salz und Pfeffer zu den Zucchiniraspeln geben und mit den Händen zu einem festen Teig verkneten.
4. Aus dem Teig etwa 4 cm große, feste Taler formen. In einer Pfanne so viel Pflanzenöl erhitzen, dass der Pfannenboden bedeckt ist. Die Taler darin bei mittlerer Hitze von beiden Seiten goldbraun braten und auf Küchenpapier abtropfen lassen.
5. Die Tortillas im Ofen kurz erwärmen und mit Zucchini-Falafeln, Sauerrahmcreme und Salat servieren.

### IM NU VEGAN!

Falafeln und Salat sind vegan. Für die Sauerrahmcreme statt Sauerrahm Sojajoghurt verwenden.

VEGAN

# TOMATENSUPPE

**Klassische oder orientalische Variante**

**Für jeweils 2 Personen**

**KLASSISCHE TOMATENSUPPE**

| | |
|---|---|
| 1 | Zwiebel |
| 1 | Knoblauchzehe |
| 3 EL | Olivenöl |
| 700 g | passierte Tomaten |
| 2 EL | gehacktes Basilikum |
| 1 Prise | Zucker |
| | Salz, Pfeffer |

**ORIENTALISCHE TOMATENSUPPE**

| | |
|---|---|
| 1 | grüne Chilischote |
| 1 | grüne Paprikaschote |
| 2 | Stangen Sellerie |
| 1 | Grundrezept für Tomatensuppe |
| 100 g | rote Linsen |
| 80 g | Couscous |

## KLASSISCHE TOMATENSUPPE

1 Zwiebel und Knoblauchzehe schälen und würfeln. Das Olivenöl in einem großen Topf erhitzen, das Gemüse darin glasig dünsten und mit den passierten Tomaten ablöschen. 600 ml Wasser dazugeben und die Tomatensuppe bei mittlerer Hitze so lange köcheln lassen, bis der Großteil des Wassers verdampft ist und die Suppe eine schöne Konsistenz hat.

2 Die Tomatensuppe mit dem Stabmixer pürieren, das Basilikum unterrühren und mit etwas Salz, Pfeffer und Zucker abschmecken.

## ORIENTALISCHE TOMATENSUPPE

mit Couscous, Chili und roten Linsen

Die Chilischote fein hacken, die Paprika würfeln und den Sellerie in dünne Scheibchen schneiden. Die Tomatensuppe zubereiten wie im Grundrezept beschrieben. Dabei nach etwa der Hälfte der Kochzeit Chili, Gemüse, Linsen und Couscous dazugeben und etwa 15 Minuten mitköcheln lassen, bis die Linsen weich sind. Eventuell noch etwas Wasser hinzufügen, damit die Suppe eine schöne Konsistenz bekommt. Nicht pürieren!

### DAS PASST DAZU!

Wer es besonders orientalisch mag, kann das Basilikum durch fein gehackten Koriander ersetzen.

00:35

# GEMÜSESUPPE

4 x anders

Für 2 Personen

VEGAN

**RUCOLA-KARTOFFELSUPPE**

| | |
|---|---|
| 500 g | Kartoffeln |
| 1 | Zwiebel |
| 2 EL | Pflanzenöl |
| 100 g | Rucola |
| | Salz, Pfeffer |

++++++++++++++++++++

| | |
|---|---|
| 3 | Scheiben durchwachsener Speck |
| 1 | Handvoll kleine Rucolablätter |

# RUCOLA-KARTOFFELSUPPE

1 Die Kartoffeln schälen und grob würfeln. Die Zwiebel schälen und ebenfalls grob würfeln. Das Öl in einem großen Topf erhitzen, das Gemüse darin ein paar Minuten anbraten und mit etwa 500 ml Wasser auffüllen. Die Suppe so lange köcheln lassen, bis die Kartoffeln weich sind, und mit dem Stabmixer fein pürieren.

2 Den Rucola waschen, die Stiele entfernen und den Rucola grob hacken. Zur Suppe geben, noch einmal mit dem Stabmixer pürieren und mit Salz und Pfeffer abschmecken.

## TOPPING: RUCOLA UND SPECK

Den Speck in kleine Würfel schneiden. Eine kleine Pfanne erhitzen und den Speck darin ein paar Minuten knusprig braten. Speck und Rucolablätter kurz vor dem Servieren über der Suppe verteilen.

# BLUMENKOHLSUPPE

VEGETARISCH

Für 2 Personen

**BLUMENKOHLSUPPE**

| | |
|---|---|
| 600 g | Blumenkohl |
| 1 | Zwiebel |
| 2 EL | Pflanzenöl |
| 100 g | Kochsahne |
| | Salz, Pfeffer |

++++++++++++++++++++

| | |
|---|---|
| 3 | Knoblauchzehen |
| 4 EL | Olivenöl |
| 1 EL | gehackte Petersilie |
| 1 EL | geriebener Parmesan |
| 2 | Scheiben Toastbrot |
| | Salz, Pfeffer |

1 Den Blumenkohl in kleine Stücke schneiden. Die Zwiebel schälen und grob würfeln. Das Öl in einem großen Topf erhitzen, das Gemüse darin ein paar Minuten anbraten und mit etwa 800 ml Wasser auffüllen.

2 Die Suppe so lange bei mittlerer Hitze köcheln lassen, bis das Gemüse weich ist, und mit dem Stabmixer pürieren. Die Sahne unter die Suppe rühren und mit Salz und Pfeffer abschmecken.

## TOPPING: KNOBLAUCHPESTO-CROÛTONS

1 Den Knoblauch schälen, durchpressen und mit Olivenöl, Petersilie und Parmesan in einer Schale vermischen. Das Toastbrot in kleine Würfel schneiden. Eine Pfanne erhitzen, die Brotwürfel hineingeben, mit der Hälfte des Pestos und etwas Salz und Pfeffer mischen und bei mittlerer Hitze von allen Seiten goldbraun braten.

2 Die Suppe nach dem Anrichten mit dem übrigen Pesto beträufeln und die Croûtons getrennt dazu servieren, da sie schnell weich werden.

00:40

## ZUCCHINISUPPE

VEGETARISCH

Für 2 Personen

**ZUCCHINISUPPE**

| | |
|---|---|
| 600 g | Zucchini |
| 1 | Zwiebel |
| 2 | Knoblauchzehen |
| 2 EL | Olivenöl |
| 50 g | Kochsahne |
| 2 EL | gehackte Petersilie |
| | Salz, Pfeffer |

++++++++++++++++++++

| | |
|---|---|
| ½ | Aubergine |
| ½ | Zucchini |
| ½ | Paprikaschote |
| 2 EL | Olivenöl |
| | Salz, Pfeffer |
| 2 EL | geriebener Parmesan |

1 Die Zucchini in grobe Stücke schneiden. Zwiebel und Knoblauchzehen schälen und grob würfeln. Das Öl in einem großen Topf erhitzen und das Gemüse darin ein paar Minuten anbraten.

2 Das Gemüse mit etwa 500 ml Wasser auffüllen und bei mittlerer Hitze so lange köcheln lassen, bis die Zucchini weich sind.

3 Die Suppe mit dem Stabmixer fein pürieren, Sahne und Petersilie unterrühren und mit Salz und Pfeffer abschmecken.

TIPP Für dieses Topping kann man fast jedes Gemüse verwenden – der ideale Weg, um Gemüsereste aus dem Kühlschrank zu verwerten!

### TOPPING: RATATOUILLE UND PARMESAN

Aubergine, Zucchini und Paprika in kleine Würfel schneiden. Das Olivenöl in einer Pfanne erhitzen und das Gemüse darin einige Minuten braten, salzen und pfeffern. Das Gemüse zusammen mit dem Parmesan über der angerichteten Suppe verteilen.

## MÖHREN-INGWER-SUPPE

VEGAN

Für 2 Personen

**MÖHREN-INGWER-SUPPE**

| | |
|---|---|
| 650 g | Möhren |
| 1 | Zwiebel |
| 1 | Chilischote |
| 2 EL | Pflanzenöl |
| 1 TL | geriebene Ingwerwurzel |
| 5 EL | Kokosmilch |
| | Salz, Pfeffer |

++++++++++++++++++++

| | |
|---|---|
| 1 TL | Margarine |
| 2 EL | Kokosraspel |
| 2 EL | gehackte Walnusskerne |

1 Möhren und Zwiebel schälen. Die Möhren in dünne Scheiben und die Zwiebel in grobe Würfel schneiden. Die Chilischote fein hacken. Das Öl in einem großen Topf erhitzen und Möhren und Zwiebel kurz anbraten. Die Chilischote unterrühren, das Gemüse mit 800 ml Wasser ablöschen und bei mittlerer Hitze so lange köcheln lassen, bis die Möhren weich sind.

2 Die Suppe mit dem Stabmixer fein pürieren, Ingwer und Kokosmilch unterrühren und mit Salz und Pfeffer abschmecken.

### TOPPING: WALNUSS-KOKOS-BRÖSEL

Die Margarine in einer kleinen Pfanne schmelzen und Kokosraspel und Walnusskerne darin ein paar Minuten unter Rühren braten, bis die Kokosraspel leicht gebräunt sind. Die Brösel über der angerichteten Suppe verteilen.

# FOCACCIA

**3 x anders**

## GRUNDREZEPT für 2 Brote

Für 4 Personen

**GRUNDREZEPT FÜR 2 BROTE** VEGAN

| | |
|---|---|
| 500 g | Mehl |
| 1 TL | Salz |
| ½ TL | Zucker |
| 1 | Würfel Hefe |
| 6 EL | Olivenöl |

1 Mehl, Salz und Zucker in eine Schüssel geben. Die Hefe zerbröckeln und in 300 ml warmem Wasser auflösen. Hefewasser und 3 EL Olivenöl zum Mehl geben und mit den Knethaken des Handrührgeräts zu einem elastischen Teig kneten. Den Teig zu einer Kugel formen, mit einem Küchentuch abdecken und an einem warmen Ort etwa 30 Minuten gehen lassen.

2 Den Backofen auf 200 °C Ober-/Unterhitze vorheizen und ein Backblech mit Backpapier auslegen. Aus der Teigkugel zwei fingerdicke Fladenbrote formen, auf das Backblech legen und mit dem restlichen Öl bestreichen. Die Focaccias auf der mittleren Schiene im Ofen etwa 30 Minuten goldbraun backen.

00:15

Für jeweils 4 Personen

**ROSMARIN-FOCACCIA**

| | |
|---|---|
| 1 | Grundrezept Focaccia |
| 10 | schwarze Oliven mit Stein |
| 10 | Kirschtomaten |
| 4 | Knoblauchzehen |
| 2 EL | Rosmarinnadeln |

VEGAN

**FOCACCIABRÖTCHEN**

| | |
|---|---|
| 1 | Grundrezept Focaccia |
| 1 | Zucchini |
| | Salz, Pfeffer |
| 1 | Ziegenkäserolle (180 g) |
| 4 EL | gehackter Thymian |

VEGETARISCH

**CALZONE**

| | |
|---|---|
| 1 | Grundrezept Focaccia |
| 2 | Paprikaschoten |
| 2 | Tomaten |
| 200 g | Mozzarella, gerieben |
| 8 | Scheiben Parmaschinken |
| 2 | Handvoll Rucola |
| | Salz, Pfeffer |

## Küchen-Know-how

**Übrig gebliebene Focaccia luftdicht in einer Plastiktüte aufbewahren. So wird das Brot nicht hart und man kann es am nächsten Tag problemlos im Backofen aufbacken.**

## ROSMARIN-FOCACCIA

mit Knoblauchöl, Oliven und Kirschtomaten

1 Den Focacciateig zubereiten wie im Grundrezept links beschrieben. Vor dem Backen Oliven und Kirschtomaten in den Teig eindrücken.

2 Die Knoblauchzehen schälen, durchpressen und mit den 3 EL Olivenöl, die im Grundrezept zum Bestreichen verwendet werden, in einer Schale vermischen. Die Focaccias damit bestreichen und mit dem Rosmarin bestreuen. Wie links beschrieben backen.

## FOCACCIABRÖTCHEN

mit Zucchini und Ziegenkäse

1 Den Focacciateig zubereiten wie im Grundrezept beschrieben. Statt zwei Fladenbroten acht fingerdicke und flache Brötchen formen.

2 Die Zucchini mit dem Gurkenhobel in dünne Scheiben hobeln. Die Zucchinischeiben in eine Schüssel geben und mit den 3 EL Olivenöl, die im Grundrezept zum Bestreichen verwendet werden, und etwas Salz und Pfeffer vermischen.

3 Die Zucchinischeiben gleichmäßig auf den Brötchen verteilen und leicht eindrücken. Den Ziegenkäse zerbröckeln. Die Brötchen wie links beschrieben backen und nach der Hälfte der Backzeit mit dem Käse und Thymian bestreuen.

## CALZONE

mit Gemüse, Parmaschinken und Rucola

1 Den Focacciateig zubereiten wie im Grundrezept beschrieben. Dann den Teig zu vier länglichen, 0,5 cm dünnen Fladen formen.

2 Paprikaschoten in dünne Ringe, Tomaten in dünne Scheiben schneiden. Auf der einen Hälfte der Teigfladen Tomaten, Paprika, Mozzarella, Schinken und Rucola verteilen, dabei an den Rändern etwa 2 cm aussparen. Mit Salz und Pfeffer würzen. Die Focacciafladen zuklappen, an den Rändern gut zusammendrücken, mit dem restlichen Öl bestreichen und wie im Grundrezept beschrieben backen.

ROAD FOOD

# LECKER ESSEN UNTERWEGS

**Als ich im vergangenen Jahr ein Praktikum machte, mutierte ich für zwei Monate zu einem zombieartigen Wesen, im Fachjargon auch »Pendler« genannt. Ich fuhr täglich von Nürnberg nach München und zurück, um abends wieder in unserem Restaurant zu sein. Ich verbrachte also jeden Tag mindestens zweieinhalb Stunden im ICE – wenn alles gut lief. Jeder Pendler weiß aber, wie selten alles gut läuft. Im Zug beobachtete ich meine Mitfahrer und mir fiel dabei auf, dass viele die Fahrzeit zum Essen nutzten. Entweder hatten sie sich noch schnell ein Stück kalte, fettige Pizza vom Bahnhofsimbiss geholt oder, noch besser, einen Döner oder ein Fischbrötchen, was zu Auseinandersetzungen mit den Mitreisenden führte, weil das ganze Abteil intensiv nach Zwiebel und Knoblauch roch. Das muss doch besser gehen, dachte ich mir, denn nach unzähligen Croissants mit Cappuccino lechzte auch ich nach Abwechslung. Und es geht wirklich besser – ich habe selbst getestet, welche Gerichte man ruck, zuck einpacken kann, welche lange lecker bleiben, sich im Zug oder in der U-Bahn verspeisen oder auch im Büro aufwärmen lassen.**

**Hier also ein paar Anregungen für jeden, der viel außer Haus ist und isst, aber trotzdem nicht auf selbst zubereitete, gesunde und leckere Speisen verzichten möchte.**

— **Nussbrötchenkranz** mit Honig-Sesam-Butter **| › s. S. 26**: Die Brötchen mit der Butter bestreichen und zum Transport in Alufolie oder Butterbrotpapier einwickeln.

— **Müsli** – 2 x anders **| › s. S. 21f.**: Eine Portion Trockenmüsli in eine Plastikbox füllen, einen Joghurt mitnehmen und vor dem Essen unter das Müsli rühren.

— **Frühstücksglück** 3 x anders **| › s. S. 32**: Den jeweiligen Frühstücksbrei zubereiten, in eine Plastikbox füllen und später entweder kalt genießen oder in der Mikrowelle kurz erhitzen.

— **Apfelpfannkuchen | › s. S. 19**: Den Pfannkuchen auskühlen lassen und in einer Plastikbox verstauen.

— **Quiche** – 2 x anders **| › s. S. 47**: Die Quiche auskühlen lassen und eine Portion in einer Plastikbox transportieren. Denn auch kalt ist Quiche ein wahrer Hochgenuss!

— **Focaccia** – 3 x anders **| › s. S. 72f.**: Die Foccacia zubereiten, auskühlen lassen und eine Portion zum Transport in Alufolie wickeln.

— **Mangoldschnecke | › s. S. 78**: Wie im Rezepttipp beschrieben kleine Schnecken zubereiten, auskühlen lassen und in einer Plastikbox transportieren.

— **Pastasotto** mit Tomaten **| › s. S. 109**: Was übrig bleibt, einfach in eine Plastikbox füllen und am nächsten Tag in der Mikrowelle erwärmen.

— **Orecchiette-Salat** mit frischem Spinat, Joghurt und Pinienkernen **| › s. S. 127**: Den Nudelsalat zubereiten, auskühlen lassen und in eine Plastikbox füllen. Er schmeckt auch kalt ganz herrlich!

— **Mandelhörnchen** aus Marzipan **| › s. S. 164**: Die kleinen Teighörnchen lassen sich problemlos verpacken und sind ideal für den süßen Hunger zwischendurch!

— **Baklastrudel | › s. S. 171**: Die kleinen Filoteigdreiecke sind ein sehr handlicher Apfel-Nuss-Strudel to go!

VEGAN

# GERÖSTETES ANTIPASTI-SANDWICH

## mit Bohnencreme

**Ein richtig gutes Sandwich muss nicht immer mit Fleisch und Käse belegt sein. Es geht auch ganz wunderbar ohne, vor allem, wenn man viel frisches Gemüse, leckere Bohnencreme und superknusprige Ciabatta verwendet.**

### Für 2 Personen

| | |
|---|---|
| 200 g | weiße Bohnen aus der Dose |
| 1 | Knoblauchzehe |
| 2 EL | gehacktes Basilikum |
| 8 EL | Olivenöl |
| | Salz, Pfeffer |
| 4 | große Scheiben Ciabatta |
| 1 | kleine Zucchini |
| 1 | kleine Aubergine |
| 1 | Paprikaschote |
| ½ | Schälchen Lauchsprossen |

**Zutaten-Karussell**

Statt Lauchsprossen auch mal andere Sprossenarten oder Kresse verwenden.

1. Die Bohnen gut abtropfen lassen, in ein hohes Gefäß geben und mit dem Stabmixer pürieren. Den Knoblauch durchpressen und mit Basilikum und 2 EL Olivenöl zu den Bohnen geben, gut verrühren und das Püree mit Salz und Pfeffer abschmecken.

2. 3 EL Olivenöl in einer Grillpfanne erhitzen und die Brotscheiben darin von beiden Seiten bei mittlerer Hitze rösten, bis sie knusprig sind.

3. Zucchini und Aubergine in dünne Scheiben, Paprika in schmale Streifen schneiden. Das restliche Öl nach und nach in einer Grillpfanne erhitzen und das Gemüse darin portionsweise bei mittlerer Hitze von beiden Seiten grillen und salzen.

4. Die Hälfte der gerösteten Brote dick mit der Bohnencreme bestreichen. Mit dem Gemüse belegen, mit den Sprossen und etwas Pfeffer bestreuen und mit den übrigen Brotscheiben bedecken.

00:30

VEGETARISCH



# MANGOLD-SCHNECKE

## mit Schafskäse und Kräutern

**Aus Blätterteig kann man im Nu eindrucksvolle Leckereien backen. Wie zum Beispiel diese nach frischen Kräutern und feinem Schafskäse duftende Mangoldschnecke. Sie wird im Ofen schön goldgelb und knusprig und schmeckt sowohl heiß als auch kalt, zum Picknick oder als Pausenbrot, ganz wunderbar!**

**Für 3 Personen**

| | |
|---|---|
| 1 | Zwiebel |
| ½ | Bund Dill |
| ½ | Bund Minze |
| 500 g | Mangold |
| 2 EL | Olivenöl |
| | Salz, Pfeffer |
| 150 g | Schafskäse |
| 1 Rolle | Blätterteig (275 g) |
| 1 EL | Sesamsamen |

**Zutaten-Karussell**

Statt Mangold kann man auch Spinat verwenden.

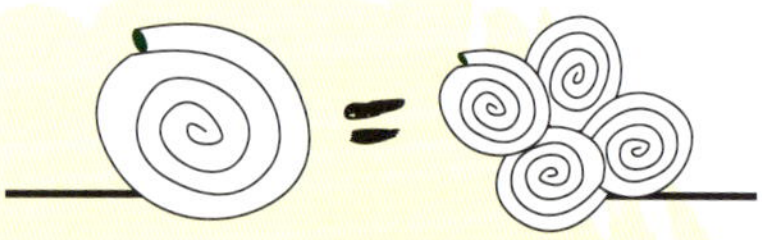

### Küchen-Know-how

**Aus den Blätterteigrollen kann man auch vier einzelne Schnecken formen – zum Picknick oder als Pausensnack ideal.**

1 Den Backofen auf 180 °C Ober-/Unterhitze vorheizen und ein Backblech mit Backpapier auslegen. Die Zwiebel schälen und würfeln, Dill und Minze fein hacken. Den Mangold waschen, trocknen, die Stiele keilförmig herausschneiden und Stiele und Blätter in dünne Streifen schneiden.

2 Das Olivenöl in einer Pfanne erhitzen und Zwiebel und Stiele darin ein paar Minuten anbraten. Den Mangold nach und nach dazugeben und so lange mitgaren, bis er zusammenfällt. Das Gemüse mit Salz und Pfeffer würzen, die Kräuter unterrühren und etwas abkühlen lassen. Den Schafskäse zerbröseln und untermischen.

3 Den zimmerwarmen Blätterteig mit den Fingern, so gut es geht, auseinanderziehen und der Länge nach auf eine bemehlte Fläche legen. Etwa ein Viertel der Füllung mit einem Teelöffel als Streifen an der unteren Kante des Blätterteigs verteilen, den Teig einrollen und zu einer gefüllten Blätterteigrolle zusammendrücken. Den restlichen Blätterteig oberhalb der Rolle abschneiden. Die Rolle zu einer kleinen Schnecke formen und in die Mitte des Backblechs legen. Auf dieselbe Weise drei weitere Rollen formen, an die erste Schnecke schneckenförmig anlegen und die jeweiligen Enden der einzelnen Rollen gut miteinander verbinden, damit sich im Ofen die einzelnen Teile nicht öffnen.

4 Die fertige Mangoldschnecke mit etwas Wasser beträufeln, mit dem Sesam bestreuen und auf der mittleren Schiene im Ofen etwa 35 Minuten goldbraun backen. Die Schnecke nach der Hälfte der Backzeit mit etwas Alufolie abdecken, damit die Oberfläche nicht zu dunkel wird.

1 + 2

3

4

SATT
MACHER

# SATTMACHER

Ihr sucht Ideen für das schnelle Abendessen unter der Woche, die lang ersehnte Kochorgie am Wochenende oder einen schönen Abend mit besonderen Gästen, die ihr beeindrucken möchtet? Hier findet ihr Rezepte für jeden Anlass und jede Gelegenheit. Eines haben sie gemeinsam: Sie machen auch starke Männer satt und sind garantiert nicht aufwendig.

Wer ein bisschen erfahrener ist, kann auf Basis meiner Anregungen natürlich auch nach Lust und Laune experimentieren und variieren. Der Lohn für ein bisschen Mühe: lauter zufriedene Gäste!

# ESSEN FÜR VIELE

Ein gutes Kochbuch sollte meiner Ansicht nach Rezepte für verschiedenste Gelegenheiten enthalten, und das heißt auch für unterschiedlich viele Personen. Häufig möchte man mit einem Essen nur sich selbst verwöhnen. Aber auch Rezepte für zwei Personen sind wichtig, da viele Paare im Alltag gerne zusammen kochen und essen. In WGs und Familien wiederum muss es für mehrere reichen. Deshalb habe ich mich entschieden, Gerichte für alle drei Fälle anzubieten. Die Personenzahl orientiert sich daran, für welche Tageszeit das Rezept gedacht ist, welche Zutaten man benötigt und wie aufwendig es zuzubereiten ist. Mit ein bisschen Erfahrung kann man die Mengenangaben natürlich dem persönlichen Bedarf anpassen. Aber manchmal werden es beim Essen einfach ganz viele – wenn Freunde oder Familie zu Besuch kommen, um zusammen zu reden, zu feiern und eine schöne Zeit zu verbringen. Dafür findet sich hier eine Liste von Rezepten, die man im Handumdrehen und ohne Schwierigkeiten in größeren Mengen zubereiten kann – egal ob für ein einfaches oder ein festliches Abendessen, einen Brunch, eine Party oder ein großes Picknick.

VEGAN

# ALLES MIT ...

Für jeweils 2 Personen

**PELLKARTOFFELN**

| | |
|---|---|
| 6 | mittelgroße festkochende Kartoffeln |
| 1 TL | Salz |

**PETERSILIENKARTOFFELN**

| | |
|---|---|
| 6 | mittelgroße festkochende Kartoffeln |
| 1 TL | Salz |
| 1 | Handvoll Petersilienblättchen |
| 1 EL | Butter |

**DAS PASST DAZU!**

Ideal als Beilage zu Fisch- und Fleischgerichten!

**OFENKARTOFFELN**

| | |
|---|---|
| 600 g | festkochende Kartoffeln |
| 4 EL | Pflanzenöl |
| | Salz, Pfeffer |
| 6 | Zweige Thymian, die Blättchen abgezupft |

## PELLKARTOFFELN

00:05

1 Die Kartoffeln unter fließendem Wasser mit der rauen Seite des Küchenschwamms abreiben oder mit einer Gemüsebürste abbürsten, in einen großen Topf geben, mit dem Salz bestreuen und mit Wasser bedecken. Das Wasser zum Kochen bringen, die Hitze etwas herunterschalten und die Kartoffeln bei mittlerer Hitze je nach Größe etwa 30 Minuten kochen. Um zu überprüfen, ob die Kartoffeln gar sind, mit einem Messer hineinstechen. Ist kein Widerstand zu spüren, sind die Kartoffeln fertig.

2 Die Kartoffeln abgießen, etwas auskühlen lassen, mit einer Gabel aufspießen und die Schale mit einem Messer abziehen.

## PETERSILIENKARTOFFELN

00:10

1 Die Kartoffeln schälen, kalt abspülen und der Länge nach vierteln. In einen Topf geben, mit dem Salz bestreuen und mit Wasser bedecken. Aufkochen und bei mittlerer Hitze etwa 20 Minuten garen.

2 Die Petersilie fein hacken. Die Kartoffeln abgießen, mit der Butter in einer Schüssel vermengen und mit der Petersilie bestreuen.

## OFENKARTOFFELN

00:10

1 Den Backofen auf 200 °C Ober-/Unterhitze vorheizen und ein Backblech mit Backpapier auslegen. Die Kartoffeln schälen, kalt abspülen und in etwa 1 cm große Würfel schneiden.

2 Die Kartoffeln auf dem Backblech verteilen, mit dem Öl beträufeln und kräftig mit Salz und Pfeffer würzen. Auf der mittleren Schiene im Ofen unter gelegentlichem Wenden etwa 30 Minuten backen. 10 Minuten vor Ende der Garzeit mit dem Thymian bestreuen.

# KARTOFFELN!

## KARTOFFELGRATIN

00:10

1 Den Backofen auf 180 °C Ober-/Unterhitze vorheizen und eine Auflaufform (22 x 18 cm) mit der Butter einfetten. Kochsahne, Milch, Parmesan, die Hälfte des Thymians und reichlich Salz und Pfeffer in einer Schüssel vermischen. Die Kartoffeln schälen, in dünne Scheiben hobeln und unter die Sahnecreme mischen. Die Kartoffel-Sahne-Masse gleichmäßig in der Auflaufform verteilen und mit dem Emmentaler bestreuen.

2 Das Gratin auf der mittleren Schiene im Ofen etwa 40 Minuten goldbraun backen und kurz vor Ende der Backzeit mit dem restlichen Thymian bestreuen.

## KARTOFFEL-GURKEN-SALAT

00:15

1 Die Kartoffeln wie im Grundrezept für Pellkartoffeln beschrieben zubereiten und in Scheiben schneiden.

2 Die Gurke der Länge nach halbieren, das Kerngehäuse keilförmig herausschneiden und in dünne Scheiben hobeln. Kartoffeln und Gurken in eine Schüssel geben, mit der Gemüsebrühe begießen, den Essig unterrühren und etwa 20 Minuten ziehen lassen.

3 Den Dill unter den Salat rühren und mit Salz und Pfeffer abschmecken.

## ROSMARINKARTOFFELN

00:15

Die Kartoffeln wie im Grundrezept für Pellkartoffeln beschrieben zubereiten, aber nur etwa 20 Minuten kochen. Das Öl in einer Pfanne erhitzen und die Kartoffeln bei mittlerer Hitze goldbraun und knusprig braten. Den Rosmarin dazugeben und die Kartoffeln mit Salz und Pfeffer abschmecken.

**Für jeweils 2 Personen**

**KARTOFFELGRATIN**

| | |
|---|---|
| 1 TL | Butter |
| 200 g | Kochsahne |
| 175 ml | Milch |
| 3 EL | geriebener Parmesan |
| 3 TL | gehackter Thymian |
| | Salz, Pfeffer |
| 600 g | mehligkochende Kartoffeln |
| 4 EL | geriebener Emmentaler |

**KARTOFFEL-GURKEN-SALAT**

| | |
|---|---|
| 500 g | festkochende Kartoffeln |
| ½ | Salatgurke |
| 125 ml | heiße Gemüsebrühe |
| 1 EL | Essig |
| 1 EL | fein gehackter Dill |
| | Salz, Pfeffer |

**ROSMARINKARTOFFELN**

| | |
|---|---|
| 500 g | kleine, festkochende Kartoffeln |
| | Salz, Pfeffer |
| 2 EL | grob gehackte Rosmarinnadeln |
| 4 EL | Pflanzenöl |

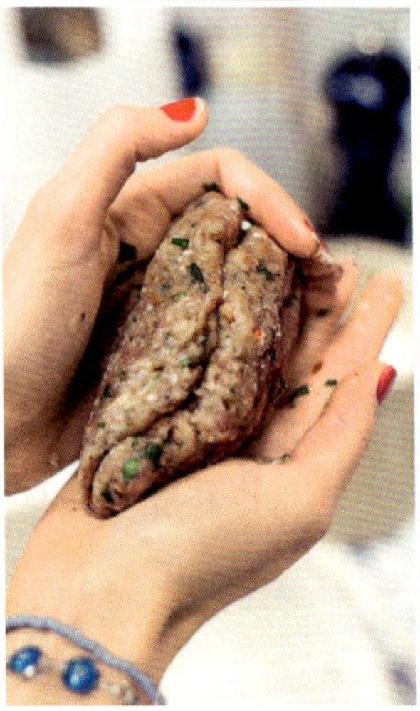

# BIFTEKI

## mit Schafskäsefüllung und Zitronen-Thymian-Kartoffeln

**Das Besondere an Bifteki, der griechischen Version von Buletten, ist, dass sie mit vielen frischen Kräutern zubereitet werden, dadurch herrlich duften und außerdem oft mit einer leicht pikanten Schafskäsemischung gefüllt werden. Ich bereite meine Bifteki so zu, wie ich es von meiner Mama gelernt habe – nämlich zusammen mit Kartoffeln, Oregano, Zitrone und Thymian im Ofen. So spart man bei der Zubereitung Zeit, weil man die Beilage gleich mitgart.**

**Für 4 Personen**

| | |
|---|---|
| 3 | Scheiben Toastbrot |
| ½ | Bund Minze |
| ½ | Bund Petersilie |
| ½ | Chilischote |
| 1 | kleine Tomate |
| 100 g | Schafskäse |
| 2 | Zwiebeln |
| 400 g | gemischtes Hackfleisch |
| 1 | Ei |
| | Salz, Pfeffer |
| 600 g | Kartoffeln |
| 3 EL | Olivenöl |
| 2 EL | Zitronensaft |
| 2 EL | gehackter Thymian |
| 1 EL | getrockneter Oregano |

1 Den Backofen auf 200 °C Ober-/Unterhitze vorheizen. Das Toastbrot etwa 15 Minuten in reichlich kaltem Wasser einweichen. In der Zwischenzeit Minze, Petersilie und Chilischote fein hacken. Die Tomate entkernen und in kleine Würfel schneiden. Den Schafskäse in eine Schüssel geben und mit einer Gabel zerdrücken. Tomate, Chili und 1 EL gehackte Petersilie dazugeben und gut vermischen.

2 Das Toastbrot gut ausdrücken und in eine Schüssel geben. Die Zwiebeln schälen und mit einer Reibe grob raspeln. Hackfleisch, Zwiebeln, Ei, Minze, restliche Petersilie und reichlich Salz und Pfeffer zum Toastbrot geben und alles mit den Händen zu einem homogenen Teig verkneten.

3 Die Kartoffeln schälen, waagerecht halbieren und in etwa 1 cm dicke Halbkreise schneiden. Das Hackfleisch in vier gleich große Teile teilen, daraus Kugeln formen und diese mit den Händen zu einem handgroßen Fladen formen. In die Mitte der Fladen jeweils 1 gehäuften TL Schafskäse geben, den Fladen zuklappen, die Ränder gut miteinander verbinden und das Fleisch zu einem länglichen Bifteki formen.

4 Die Bifteki in die Auflaufform (Ø 28 cm) legen und die Kartoffeln außen herum verteilen. Die Kartoffeln salzen und alles mit Olivenöl, Zitronensaft, Thymian und Oregano bestreuen. So viel Wasser dazugeben, dass der Boden der Auflaufform etwa 2 mm hoch bedeckt ist, und auf der mittleren Schiene im Ofen etwa 50 Minuten backen. Die Form etwa 15 Minuten vor Ende der Backzeit mit Alufolie abdecken, damit die Bifteki nicht zu dunkel werden.

### DAS PASST DAZU!

Die Bifteki schmecken, ganz traditionell, mit einem Klecks Zaziki besonders lecker!

00:40

# BACKFISCH

## mit Skordalia und warmem Zucchini-Oregano-Salat

**Skordalia ist eine aromatische griechische Creme aus gekochten Kartoffeln, Olivenöl und Knoblauch. Zusammen mit einem Zucchini-Oregano-Salat passt sie hervorragend zu paniertem Fischfilet, das frisch ausgebacken aus der Pfanne ganz heiß auf den Teller kommt. Diese Kombination ist wirklich etwas Besonderes!**

**Für 2 Personen**

| | |
|---|---|
| 400 g | mehligkochende Kartoffeln |
| | Salz, Pfeffer |
| 3 | Knoblauchzehen |
| 10 EL | Olivenöl |
| 2 TL | Essig |
| 2 | Zucchini |
| 1 TL | getrockneter Oregano |
| 1 EL | gehackte Petersilie |
| 2 | Seelachsfilets (à 150 g) |
| 1 | Ei |
| 3 EL | Milch |
| 5 EL | Mehl |
| 5 EL | Semmelbrösel |
| | Pflanzenöl |

1 Für die Skordalia die Kartoffeln waschen, in einen Topf geben, mit Wasser bedecken und mit 1 TL Salz bestreuen. Das Wasser zum Kochen bringen, die Hitze etwas herunterschalten und die Kartoffeln bei mittlerer Hitze in etwa 30 Minuten weich kochen.

2 Die Kartoffeln etwas auskühlen lassen, pellen und durch eine Kartoffelpresse drücken. Den Knoblauch schälen, durchpressen und zu den Kartoffeln geben. Nach und nach 8 EL Olivenöl und 1 TL Essig dazugeben, alles gut verrühren und mit Salz abschmecken.

3 Für den Zucchini-Oregano-Salat die Zucchini in kochendem Salzwasser etwa 20 Minuten weich kochen und leicht auskühlen lassen. Die Zucchini in etwa 1 cm dicke Scheiben schneiden und in einer Schüssel mit dem restlichen Olivenöl, dem übrigen Essig, Oregano und Petersilie vermischen und mit Salz und Pfeffer abschmecken.

4 Die Fischfilets waschen, trocken tupfen, salzen und pfeffern. Ei, Milch und etwas Salz und Pfeffer in einer flachen Schale verrühren. Mehl und Semmelbrösel auf jeweils einem Teller ausstreuen. Den Fisch erst im Mehl, dann im Ei und schließlich in den Semmelbröseln sorgfältig wenden und vorsichtig abklopfen.

5 So viel Pflanzenöl in einer Pfanne erhitzen, dass der Pfannenboden bedeckt ist. Die Fischfilets bei mittlerer Hitze von beiden Seiten goldbraun ausbacken und mit der Skordalia und dem Salat servieren.

### Küchen-Know-how

**Die Skordalia ist, mit etwas Olivenöl beträufelt und mit Frischhaltefolie bedeckt, im Kühlschrank mehrere Tage haltbar.**

### IM NU

VEGAN

**Fischfilets durch Sojafleisch ersetzen. Skordalia und Zucchini-Oregano-Salat sind vegan.**

01:15

eins
zwei
drei
vier
fertig!
guten
Appetit

# GEMÜSE-MOUSSAKA

**Ein klassisches griechisches Moussaka ist ein sehr schweres und aufwendiges Gericht, das mit viel Béchamelsauce, Hackfleisch und jeder Menge Öl zubereitet wird. Oftmals geht der Geschmack des Gemüses dabei unter. Deshalb habe ich eine vegetarische Variante kreiert, die mindestens genauso lecker schmeckt, aber schneller zuzubereiten ist. Außerdem ist sie weniger gehaltvoll und die frischen Kräuter und das Gemüse kommen richtig zur Geltung. Das typische Moussaka-Feeling, das durch die einzelnen Gemüse- und Saucenschichten entsteht, bleibt natürlich erhalten.**

**Für 4 Personen**

| | |
|---|---|
| 400 g | passierte Tomaten |
| ½ | Bund Basilikum |
| ½ | Bund Minze |
| 6 EL | geriebener Parmesan |
| | Salz, Pfeffer |
| | Zucker |
| 800 g | Kartoffeln |
| | Pflanzenöl |
| 4 | Auberginen |
| 4 | Zucchini |
| 200 g | Crème fraîche |
| 100 g | Kochsahne |
| 100 g | Mozzarella, gerieben |
| 1 EL | gehackter Thymian |

1 Den Backofen auf 180 °C Ober-/Unterhitze vorheizen. Die Tomaten mit 200 ml Wasser in einem Topf erhitzen und so lange bei mittlerer Hitze köcheln lassen, bis das Wasser verdampft ist. Basilikum und Minze fein hacken, mit 4 EL Parmesan unter die Sauce rühren und mit Salz, Pfeffer und Zucker abschmecken.

2 Die Kartoffeln schälen und der Länge nach in dünne Scheiben schneiden. So viel Pflanzenöl in einer Pfanne erhitzen, dass der gesamte Pfannenboden damit bedeckt ist, und die Kartoffelscheiben darin portionsweise bei mittlerer Hitze von beiden Seiten goldbraun braten. Auf Küchenpapier abtropfen lassen.

3 Auberginen und Zucchini der Länge nach in dünne Scheiben schneiden. Etwas Öl in einer Grillpfanne erhitzen und die Gemüsescheiben darin portionsweise von beiden Seiten grillen, bis sie die typischen Grillstreifen haben, dann auf einen Teller geben. Zwischendurch die Pfanne immer wieder mit etwas Öl einstreichen.

4 Crème fraîche, Kochsahne, Mozzarella und reichlich Salz und Pfeffer in einer Schüssel vermengen. Den Boden einer Auflaufform (28 x 24 cm) erst nacheinander mit einigen Kartoffel-, Zucchini- und Auberginenscheiben auslegen, dabei jede Schicht gut salzen. Die Tomatensauce darüber verteilen. Dann eine Schicht nur aus Kartoffeln und Zucchini darüberlegen, wieder salzen. Die Crème-fraîche-Mischung über dem Gemüse verstreichen und zum Schluss die restlichen Auberginen darüberlegen, salzen.

5 Den Auflauf auf der mittleren Schiene im Ofen etwa 45 Minuten backen. Etwa 15 Minuten vor Ende der Backzeit mit Alufolie abdecken, damit das Moussaka nicht zu dunkel wird, und kurz vor Ende der Backzeit mit dem restlichen Parmesan und dem Thymian bestreuen.

## Küchen-Know-how

**Auberginen saugen sehr viel Öl auf. Deshalb nur wenig Öl in die Grillpfanne geben und diese stark erhitzen. So werden die Auberginen gar, ohne zu fett und lätschig zu werden. Die Grillpfanne lässt sich übrigens am besten mit einem Pinsel oder Küchenpapier einfetten.**

01:30

VEGETARISCH

# SEMMELKNÖDEL

**2 x anders**

**Selbst gemachte Semmelknödel sind kein Hexenwerk und schmecken natürlich tausendmal besser als Fertigknödel. Deshalb: Ran an die Töpfe, die Mutigen werden belohnt! Mit meinem Rezept endet weder die Küche im Chaos, noch zerfallen die Knödel im heißen Wasser.**

Für 2 Personen

**GRUNDREZEPT SEMMELKNÖDEL**

| | |
|---|---|
| 2 | altbackene Weizenbrötchen |
| 1 | altbackene Laugenbreze |
| 1 | Zwiebel |
| 2 TL | Butter |
| 1 EL | gehackte Petersilie |
| 150 ml | warme Milch |
| 1 | Ei |
| | Salz, Pfeffer |

**PILZRAGOUT**

| | |
|---|---|
| 1 | Grundrezept Semmelknödel |
| 500 g | gemischte Pilze (z. B. Champignons, Pfifferlinge, Steinpilze) |
| 1 | Zwiebel |
| ½ | Bund Schnittlauch |
| 2 TL | Butter |
| 75 ml | Weißwein |
| 150 ml | Kochsahne |
| | Salz, Pfeffer |
| | Zucker |

00:30

1 Brötchen und Breze in möglichst kleine Stücke schneiden und in eine Schüssel geben. Die Zwiebel schälen und fein würfeln, die Butter in einer Pfanne zerlassen und die Zwiebel darin glasig dünsten. Zwiebel, Petersilie, Milch, Ei und etwas Salz und Pfeffer zu den Brotstückchen geben und mit den Händen gut verkneten. Den Teig im Kühlschrank etwa 15 Minuten ruhen lassen.

2 In der Zwischenzeit in einem großen Topf reichlich Salzwasser zum Kochen bringen. Aus dem Teig vier feste Knödel formen und ins Wasser geben. Die Knödel bei schwacher Hitze etwa 20 Minuten ziehen lassen und abschöpfen.

## PILZRAGOUT mit Semmelknödeln

00:50

1 Die Semmelknödel zubereiten wie im Grundrezept beschrieben. Für das Pilzragout die Pilze putzen und in mundgerechte Stücke schneiden, die Zwiebel schälen und fein würfeln und den Schnittlauch in feine Ringe schneiden. Die Butter in einer Pfanne zerlassen und die Zwiebel darin glasig dünsten. Die Pilze dazugeben, kurz mit anbraten und den Wein angießen. Ein paar Minuten einkochen lassen, dann die Sahne unterrühren.

2 Das Ragout köcheln lassen, bis es eine schöne Konsistenz hat, und mit Salz, Pfeffer und Zucker abschmecken. Nach dem Anrichten mit dem Schnittlauch bestreuen und mit den Knödeln servieren.

# GRATINIERTE SPINATKNÖDEL

## mit Bergkäse und Schinken

**Für 2 Personen**

| | |
|---|---|
| 200 g | Spinat |
| 2 EL | Pflanzenöl |
| 4 | Scheiben Schinken |
| 1 | Grundrezept Semmelknödel |
| 100 g | Bergkäse, gerieben |
| | Salz, Pfeffer |
| 2 EL | geriebener Parmesan |
| 1 EL | gehackte Thymianblätter |

1 Die dicken Stängel vom Spinat entfernen und die Blätter fein hacken. 1 EL Öl in einer Pfanne erhitzen, den Spinat dazugeben und unter Rühren zerfallen lassen. Etwas auskühlen lassen und mit den Händen gut ausdrücken. Den Schinken der Länge nach halbieren.

2 Die Semmelknödel zubereiten wie im Grundrezept beschrieben. Dabei zusätzlich den Spinat und die Hälfte des Bergkäses zum Teig geben und acht Knödel formen.

3 Den Backofen auf 200 °C Ober-/Unterhitze vorheizen und eine Auflaufform (Ø 18 cm) mit dem restlichen Öl einfetten. Die gegarten Spinatknödel in die Auflaufform geben, den Schinken rundherum verteilen und mit dem restlichen Bergkäse bestreuen. Die Knödel auf der mittleren Schiene im Ofen etwa 12 Minuten überbacken und vor dem Servieren mit Thymian und Parmesan bestreuen.

00:50

VEGAN

# BLUMENKOHL-SÜSSKARTOFFEL-CURRY

## mit Gewürzreis und Dinkel-Chapati

**Für 4 Personen**

| | |
|---|---|
| 1 | Zwiebel |
| 1 | Süßkartoffel |
| 600 g | Blumenkohl |
| 2 EL | Olivenöl |
| 1 TL | Kurkuma |
| ½ TL | Garam Masala |
| 300 g | passierte Tomaten |
| | Salz, Pfeffer |
| 2 EL | gehackte Petersilie |
| 300 g | Basmatireis |
| 4 | Nelken |
| 1 | Sternanis |
| 250 g | Dinkelmehl |
| 3 EL | Pflanzenöl |

1 Für das Curry die Zwiebel schälen, halbieren und mit einem Gurkenhobel in dünne Scheiben hobeln. Die Süßkartoffel schälen und in etwa 1,5 cm große Würfel schneiden. Den Blumenkohl in kleine Röschen zerteilen.

2 Das Olivenöl in einem Topf erhitzen, das Gemüse hineingeben, mit ½ TL Kurkuma und dem Garam Masala bestreuen und unter Rühren ein paar Minuten anbraten. Die Tomaten und etwa 400 ml Wasser dazugeben und das Curry bei mittlerer Hitze und unter gelegentlichem Rühren etwa 25 Minuten köcheln lassen, bis das Wasser verdampft und das Gemüse weich ist. Das Curry mit Salz und Pfeffer abschmecken und die Petersilie unterrühren.

3 In der Zwischenzeit Reis, Nelken, Sternanis, restliches Kurkuma, etwas Salz und 600 ml Wasser in einem Topf zum Kochen bringen. Den Reis kurz kochen lassen, den Herd ausschalten und den Reis zugedeckt etwa 20 Minuten ausquellen lassen.

4 In der Zwischenzeit für das Chapati-Brot Mehl, 150 ml warmes Wasser und ½ TL Salz in eine Schüssel geben und mit den Händen zu einem festen, glatten Teig verkneten. Aus dem Teig acht Kugeln formen, diese leicht bemehlen und mit einem Nudelholz zu dünnen Fladenbroten ausrollen (Ø etwa 12 cm).

5 Ein paar Tropfen Pflanzenöl in eine Pfanne geben, diese mit Küchenpapier gut verreiben und die Brote darin nacheinander von beiden Seiten goldbraun braten. Dabei die Pfanne immer wieder mit neuem Öl benetzen.

6 Das Blumenkohl-Curry zusammen mit dem Gewürzreis und dem warmen Brot servieren.

01:00

00:35

# ASIATISCHE KÜCHE

## CHICKEN TERIYAKI

mit gebratenen Nudeln und Gemüse

**Für 2 Personen**

| | |
|---|---|
| 2 | Hähnchenbrüste |
| 10 EL | Teriyakisauce |
| 1 | Möhre |
| 200 g | Mie-Nudeln |
| 5 EL | Pflanzenöl |
| 1 | Handvoll Zuckerschoten |
| 1 | Handvoll Sojasprossen |
| | Salz, Pfeffer |
| 2 TL | Honig |
| 1 EL | Sesam |

1 Die Hähnchenbrüste waschen und trocken tupfen. 7 EL Teriyakisauce in eine Schale geben, die Hähnchenbrüste hineinlegen und unter gelegentlichem Wenden etwa 20 Minuten im Kühlschrank marinieren. Die Möhre schälen und in dünne Streifen schneiden. Einen Topf Salzwasser zum Kochen bringen und vom Herd nehmen. Die Nudeln hineingeben, etwa 5 Minuten ziehen lassen, mit einer Gabel auseinanderziehen und abgießen.

2 Den Backofen auf 180 °C Ober-/Unterhitze vorheizen und ein Backblech mit Backpapier auslegen. 2 EL Pflanzenöl in einer Pfanne erhitzen und die Möhren kurz darin anbraten. Zuckerschoten dazugeben und kurz mitbraten. Dann Sprossen, Nudeln und die restliche Teriyakisauce dazugeben und gut verrühren. Die Nudeln einige Minuten weiterbraten und mit Salz und Pfeffer abschmecken.

3 Das restliche Öl in einer kleinen Pfanne erhitzen. Das Fleisch hineingeben, salzen und von allen Seiten scharf anbraten. Das Fleisch auf das Backblech legen, pfeffern, mit dem Honig bestreichen und mit dem Sesam bestreuen. Das Hähnchen auf der mittleren Schiene in etwa 10 Minuten fertig garen. Das Fleisch in schräge Streifen schneiden und auf den heißen Nudeln servieren.

## TOFU-REISNUDELN

mit Chili, Kokos und Limette

**Für 2 Personen**

| | |
|---|---|
| 200 g | Tofu |
| ½ TL | Kurkuma |
| | Pflanzenöl |
| 200 g | breite Reisnudeln |
| 1 | Chilischote |
| 2 | Frühlingszwiebeln |
| 125 ml | Kokosmilch |
| 1 EL | Limettensaft |
| | Salz |
| | Zucker |

VEGAN

1 Den Tofu in Würfel schneiden. Kurkuma und 2 EL Pflanzenöl in einer Schüssel verrühren, den Tofu darin wenden und etwa 15 Minuten marinieren. In der Zwischenzeit die Nudeln in eine Schüssel geben und mit kochendem Salzwasser übergießen. Die Nudeln etwa 10 Minuten ziehen lassen und abgießen. Die Chilischote und die Frühlingszwiebeln in dünne Ringe schneiden.

2 Eine Pfanne erhitzen und den Tofu in etwas Öl bei mittlerer Hitze goldbraun braten. Kokosmilch, Limettensaft, 5 EL Wasser, Nudeln, Frühlingszwiebeln und Chili dazugeben, alles gut vermischen und aufkochen. Die Nudeln kurz köcheln lassen und mit Salz und Zucker abschmecken.

## IM NU VEGETARISCH!

Statt Garnelen in mundgerechte Stücke geschnittenes Gemüse, wie etwa Aubergine oder Zucchini, verwenden.

VEGETARISCH

# GRÜNES GARNELEN-CURRY

## mit Pistazien, Zitronengras und Glasnudeln

**Für 2 Personen**

| | |
|---|---|
| 1 | grüne Chilischote |
| 1 | kleine Zwiebel |
| 2 | Knoblauchzehen |
| 1 | Stange Zitronengras |
| 2 EL | gehackter Koriander |
| 3 EL | gehackte Pistazien |
| 4 EL | Kokosmilch |
| 16 | TK-Garnelen, küchenfertig, aufgetaut |
| 2 EL | Pflanzenöl |
| 150 g | Kochsahne |
| 125 g | Glasnudeln |
| | Salz, Pfeffer |

1 Die Chilischote grob hacken, Zwiebel und Knoblauch schälen und grob würfeln und das Zitronengras in kleine Stücke schneiden. 1 ½ EL Koriander, Chilischote, Zwiebel, Knoblauch, 2 EL Pistazien und Kokosmilch in ein hohes Gefäß geben und mit dem Stabmixer fein pürieren.

2 Die Garnelen kalt abspülen, trocken tupfen, salzen. Das Öl in einer Pfanne erhitzen und die Garnelen kurz von beiden Seiten anbraten. Die Gewürzpaste dazugeben und kurz mitbraten. Die Garnelen mit Kochsahne und 4 EL Wasser ablöschen und das Curry köcheln lassen, bis die Sauce eine schöne Konsistenz hat.

3 In der Zwischenzeit die Glasnudeln in eine Schüssel geben, mit kochendem Wasser aufgießen und etwa 5 Minuten ziehen lassen. Die Nudeln abgießen und auf zwei Tellern verteilen.

4 Das Curry mit Salz und Pfeffer abschmecken, auf den Glasnudeln anrichten und mit dem restlichen Koriander und den restlichen Pistazien bestreuen.

### Küchen-Know-how

**Wer frische Garnelen kauft, muss sie folgendermaßen vorbereiten: Die Garnele festhalten und den Kopf mit einer Drehbewegung entfernen. Nun die Schale mit den Fingern rundherum ablösen. Den Rücken der Länge nach mit einem Messer leicht einritzen und den dunklen Darm mit der Messerspitze herausheben. Die Garnelen kalt abspülen und trocken tupfen.**

00:35

# HÄHNCHEN-SCHNITZEL

## mit Zitronen-Oregano-Öl und Smashed Potatoes

**Hähnchenschnitzel auf diese Weise zuzubereiten geht sehr schnell und ist typisch griechisch. Dabei verbindet sich der austretende Fleischsaft mit dem Olivenöl, dem Oregano, den Kirschtomaten und dem Zitronensaft zu einer aromatisch duftenden Sauce.**

**Für 2 Personen**

| | |
|---|---|
| 4 | mittelgroße Kartoffeln |
| | Salz, Pfeffer |
| 2 EL | Butter |
| 1 EL | gehackter Thymian |
| 1 EL | gehackter Rosmarin |
| 8 | Kirschtomaten |
| 2 | Hähnchenschnitzel |
| 4 EL | Olivenöl |
| 4 EL | Zitronensaft |
| 2 TL | getrockneter Oregano |

1 Die Kartoffeln in kochendem Salzwasser weich kochen, leicht abkühlen lassen und schälen. Den Backofen auf 220 °C Ober-/Unterhitze vorheizen und ein Backblech mit Backpapier auslegen. Die Kartoffeln auf das Backblech legen, mit dem Handballen eindrücken und mit Salz und Pfeffer bestreuen. Die Butter in Flöckchen über den Kartoffeln verteilen und auf der mittleren Schiene im Ofen etwa 30 Minuten backen. Die Kartoffeln wenige Minuten vor Ende der Backzeit mit Thymian und Rosmarin bestreuen.

2 In der Zwischenzeit die Kirschtomaten halbieren und das Fleisch salzen. 4 EL Olivenöl in einer Pfanne erhitzen und die Hähnchenschnitzel darin bei mittlerer Hitze von beiden Seiten goldbraun braten.

3 Die Kirschtomaten zum Fleisch geben, alles mit Zitronensaft ablöschen und vom Herd nehmen. Das Fleisch mit dem Oregano und etwas Pfeffer bestreuen, mit den Smashed Potatoes anrichten und mit dem restlichen Zitronen-Oregano-Öl aus der Pfanne beträufeln.

00:45

# COQ AU VIN

## mit Gemüse und frischen Kräutern

Coq au vin genießt man am besten mit der Familie oder guten Freunden. Diese Variante ist einfach in der Zubereitung und damit auch für Kochanfänger bestens geeignet. Außerdem duftet das geschmorte Hähnchen herrlich nach Wein und frischen Kräutern, während es im Ofen gart – so bekommen die Gäste gleich beim Betreten der Wohnung Appetit auf das französisch anmutende Festmahl!

00:20

### Küchen-Know-how

Wer keinen Schmortopf hat, kann auch einen ofenfesten Topf verwenden oder eine Auflaufform mit Alufolie abdecken. Pilze werden nicht gewaschen, weil sie sonst matschig werden. Man entfernt den Schmutz mit einer speziellen Pilzbürste oder reibt sie mit einem Küchentuch vorsichtig ab.

Das Coq au vin am besten mit knusprigem Baguette servieren, das man in die Weißweinsauce tunken kann!

**Für 4 Personen**

| | |
|---|---|
| 6 | Schalotten |
| 300 g | gemischte Pilze (z. B. Champignons, Pfifferlinge, Steinpilze) |
| 2 | Möhren |
| 4 | Hähnchenschenkel |
| | Salz, Pfeffer |
| 5 | Zweige Thymian, die Blättchen abgezupft |
| 4 | Zweige Rosmarin, die Nadeln abgezupft |
| 175 ml | Weißwein |
| | Zucker |
| 3 EL | Olivenöl |
| 1 EL | kalte Butter |

1 Den Backofen auf 180 °C Ober-/Unterhitze vorheizen. Die Schalotten schälen und halbieren, die Pilze putzen und abbürsten (nicht waschen!) und in mundgerechte Stücke schneiden, die Möhren schälen und in schmale Stifte schneiden.

2 Die Hähnchenschenkel waschen, trocken tupfen, kräftig salzen und in einen Schmortopf (Ø 24 cm) geben. Gemüse und Kräuter rundherum verteilen und mit Salz und Pfeffer würzen. Den Weißwein und eine kräftige Prise Zucker dazugeben und alles mit dem Olivenöl beträufeln.

3 Das Coq au vin zugedeckt im Ofen auf der mittleren Schiene etwa 80 Minuten garen. 20 Minuten vor Ende der Garzeit den Deckel abnehmen, damit das Hähnchen eine schöne Kruste bekommt, und die Butter in Flöckchen über dem Gemüse verteilen, damit der Weißweinsud eine schöne Konsistenz bekommt.

VEGAN

# WEISSE RIESENBOHNEN

aus dem Ofen – die besten Bohnen der Welt!

**Für 4 Personen**

| | |
|---|---|
| 500 g | getrocknete weiße Riesenbohnen |
| 2 | Möhren |
| ½ | Sellerieknolle |
| 300 g | passierte Tomaten |
| 1 | Handvoll Petersilienblätter |
| 4 EL | Olivenöl |
| | Salz, Pfeffer |

**DAS PASST DAZU!**

Die Bohnen etwa 15 Minuten vor Ende der Garzeit mit zerbröckeltem Schafskäse und etwas Oregano bestreuen und mit knusprigem Weißbrot servieren.

## Küchen-Know-how

Die getrockneten Riesenbohnen bekommt ihr in einem griechischen oder türkischen Lebensmittelladen.

**Als ich mit dem Kochen anfing, wirkten diese harten Hülsenfrüchte sehr beängstigend auf mich. Dabei schmeckten sie mir, wenn meine Mama sie zubereitete, weil sie innen so weich und außen so fest sind. Mit Mamas Anleitung traute ich mich dann irgendwann einmal selbst daran und hatte schnell raus, wie man die leckersten Bohnen der Welt in alter Familientradition zubereitet wie schon meine griechische Oma und Uroma: in feiner Tomatensauce, mit Gemüse und Kräutern, direkt aus dem Ofen auf den Tisch!**

01:00

1 Die Bohnen in eine Schüssel geben, mit doppelt so viel kaltem Wasser bedecken und über Nacht einweichen lassen.

2 Einen großen Topf mit Wasser zum Kochen bringen. Die Bohnen abgießen, in den Topf geben und etwa 40 Minuten bei mittlerer Hitze köcheln lassen. Den dabei entstehenden Schaum mit einer Schöpfkelle abschöpfen.

3 In der Zwischenzeit den Backofen auf 200 °C Ober-/Unterhitze vorheizen. Möhren und Sellerieknolle schälen. Die Möhren in etwa 0,5 cm dicke Scheiben und den Sellerie in etwa 3 cm lange und 0,5 cm breite Stifte schneiden.

4 Die Bohnen abgießen und mit Gemüse, Tomaten, Petersilie, Olivenöl und reichlich Salz und Pfeffer in eine Auflaufform geben. So viel Wasser dazugeben, dass der Boden der Auflaufform etwa 1 cm damit bedeckt ist, und alles gut vermischen.

5 Die Bohnen auf der mittleren Schiene im Ofen etwa 1 Stunde backen, dabei die Auflaufform gelegentlich herausnehmen und leicht schwenken, damit die Bohnen gut mit der Sauce benetzt werden. Gegebenenfalls etwas Wasser hinzufügen. Die Bohnen etwa 20 Minuten vor Ende der Garzeit mit Alufolie abdecken, damit sie nicht zu dunkel werden.

00:45

## Küchen-Know-how

Im Notfall kann man auch auf eine fertige Kräutermischung aus dem Tiefkühlregal zurückgreifen.

Für Reis gibt es verschiedene Garmethoden. Im Zweifelsfall einfach nach Packungsanweisung verfahren.

# KNUSPERFISCH

## mit Kräuter-Parmesan-Kruste und Wildreis

**Dieser Kabeljau mit knuspriger Kräuterkruste ist viel einfacher und vor allem schneller zubereitet als man denkt. In Kombination mit Wildreis wird daraus ein richtig schicker Gaumenschmaus, mit dem man Eindruck schinden kann.**

**Für 2 Personen**

| | |
|---|---|
| **50 g** | **Butter** |
| **2** | **Scheiben Toastbrot** |
| **1** | **Zwiebel** |
| **1 TL** | **gehackte Petersilie** |
| **1 TL** | **gehackter Rosmarin** |
| **1 TL** | **gehackter Thymian** |
| **3 EL** | **geriebener Parmesan** |
| | **Salz, Pfeffer** |
| **2** | **Kabeljaufilets (à etwa 200 g)** |
| **150 g** | **Langkorn-Wildreis-Mischung** |

**Zutaten-Karussell**

Dieses Gericht kann man variieren, indem man statt Kabeljau Lachsfilet verwendet oder zusätzlich gehackte Champignons anbrät, die man dann unter die Kräuter-Brot-Mischung mischt.

1 Den Backofen auf 200 °C Ober-/Unterhitze vorheizen und eine Auflaufform mit 1 TL Butter einfetten. Das Toastbrot mit einer Küchenreibe fein reiben. Die Zwiebel schälen und fein würfeln. Die restliche Butter (bis auf 1 TL) in einer Pfanne zerlassen, die Zwiebel darin glasig dünsten, Toastkrümel, Kräuter, Parmesan und etwas Pfeffer dazugeben und zu einer feuchten Masse vermischen.

2 Die Fischfilets waschen, trocken tupfen, salzen und in die Auflaufform legen. Die Kräuter-Brot-Mischung auf den Fischfilets verteilen und leicht andrücken. Den Fisch auf der mittleren Schiene im Ofen etwa 20 Minuten goldbraun backen.

3 In der Zwischenzeit einen Topf mit Salzwasser zum Kochen bringen. Den Reis hineingeben und bei mittlerer Hitze unter gelegentlichem Rühren etwa 20 Minuten garen und abgießen. Die restliche Butter unter den Reis mischen und zusammen mit dem Fisch servieren.

VEGETARISCH

# RISOTTO

4 x anders

## IM NU VEGAN!

Statt Parmesan einen Schuss Sojasahne hinzufügen und die Butter durch Margarine ersetzen.

VEGAN

00:35

Für 2 Personen

**GRUNDREZEPT**

| | |
|---|---|
| 1 | Zwiebel |
| 2 EL | Pflanzenöl |
| 200 g | Risottoreis |
| 125 ml | Weißwein |
| 750 ml | heiße Gemüsebrühe |
| 3 EL | geriebener Parmesan |
| 1 EL | Butter |
| | Salz, Pfeffer |

**PASTASOTTO**

| | |
|---|---|
| 1 | Grundrezept Risotto (ohne Wein und Reis) |
| 200 g | Reisnudeln (z. B. Kritharaki, Orzo) |
| 300 g | passierte Tomaten |
| 3 EL | Kochsahne |
| 3 EL | geriebener Parmesan |
| | Salz, Pfeffer |
| 1 EL | gehacktes Basilikum |

## GRUNDREZEPT RISOTTO

1 Die Zwiebel schälen und fein würfeln. Das Öl in einer Pfanne erhitzen und Zwiebel und Reis bei mittlerer Hitze ein paar Minuten andünsten. Den Reis mit dem Weißwein ablöschen, kurz einkochen lassen und 1 Schöpfkelle heiße Gemüsebrühe angießen. Die Brühe unter gelegentlichem Rühren verdampfen lassen und kellenweise die restliche Gemüsebrühe angießen. Der Risotto ist fertig, wenn er eine sämige Konsistenz hat, das dauert etwa 20 Minuten.

2 Parmesan und Butter unterrühren und den Risotto mit Salz und Pfeffer abschmecken.

## PASTASOTTO MIT TOMATEN

1 Den Risotto zubereiten wie im Grundrezept beschrieben. Dabei jedoch den Reis durch Reisnudeln und den Weißwein durch die passierten Tomaten ersetzen.

2 Wenn die Reisnudeln gar sind, Kochsahne und Parmesan unterrühren und mit Salz und Pfeffer abschmecken. Mit dem Basilikum bestreuen und servieren.

Für 2 Personen

### ZITRONEN-RISOTTO

| | |
|---|---|
| 1 | Bio-Zitrone |
| 1 | Grundrezept Risotto |
| ½ TL | Zucker |
| 3 EL | geröstete Pinienkerne |
| 2 | Hähnchenbrüste |
| | Salz |
| 8 | Scheiben Frühstücksspeck |
| 4 | Zweige Rosmarin |
| 3 EL | Pflanzenöl |

### GRAUPEN-RISOTTO

| | |
|---|---|
| 80 g | TK-Erbsen |
| 1 | Zwiebel |
| 2 EL | Pflanzenöl |
| 200 g | Graupen |
| 125 ml | Weißwein |
| etwa 750 ml | heiße Gemüsebrühe |
| 2 | Scheiben gekochter Schinken |
| 100 g | vakuumierte gegarte Maroni |
| 2 EL | gehackte Petersilie |
| 3 EL | geriebener Parmesan |
| 1 EL | Butter |
| | Salz, Pfeffer |

## ZITRONENRISOTTO

mit Rosmarin-Speck-Hähnchen

1 Die Schale der Zitrone abreiben und 2 EL Saft auspressen. Den Risotto zubereiten wie im Grundrezept beschrieben. Dabei den Reis zusätzlich zum Wein mit dem Zitronensaft ablöschen und kurz vor Ende der Garzeit Zitronenschale, Zucker und die Hälfte der Pinienkerne unterrühren.

2 In der Zwischenzeit den Backofen auf 180 °C Ober-/Unterhitze vorheizen und ein Backblech mit Backpapier auslegen. Die Hähnchenbrüste waschen, trocken tupfen, längs in zwei gleich große Stücke teilen und salzen. Jeweils zwei Scheiben Speck überlappend nebeneinander legen und jeweils eine halbe Hühnerbrust und einen Rosmarinzweig darin einwickeln. Mit Rouladennadeln oder Zahnstochern feststecken.

3 Das Öl in einer Pfanne erhitzen und die Rollen darin von allen Seiten scharf anbraten. Auf das Backblech legen und auf der mittleren Schiene im Ofen etwa 10 Minuten fertig garen.

4 Das Hähnchen auf dem Risotto anrichten und mit den restlichen Pinienkernen bestreuen.

## GRAUPENRISOTTO

mit Maroni, Erbsen und Schinken

1 Die Erbsen über Nacht im Kühlschrank auftauen lassen. Den Graupenrisotto so zubereiten wie im Grundrezept Risotto beschrieben. Dabei den Reis durch die Graupen ersetzen.

2 Während die Graupen garen, den Schinken in schmale Streifen und die Maroni in kleine Würfel schneiden. Kurz vor Ende der Garzeit Erbsen, Maroni und Petersilie unterrühren. Wenn die Graupen gar sind, Parmesan und Butter unterrühren, mit Salz und Pfeffer abschmecken und vor dem Anrichten den Schinken unterheben.

00:50

00:35

1. KLOPFEN
2. SALZEN UND PFEFFERN
3. SCHINKEN DARAUF
4. SCHEIBE EMMENTALER
5. ZUKLAPPEN
6. MEHL
7. EI
8. SEMMEL-BRÖSEL
00:30

# CORDON BLEU

**Wenn man gute Zutaten besorgt und sich ein bisschen Zeit nimmt, kann bei einem Cordon bleu auch beim ersten Versuch nichts schiefgehen. Und wenn dann beim Anschneiden der warme, glänzende Käse herausfließt … unbeschreiblich lecker!**

**Für 2 Personen**

| | |
|---|---|
| 2 | Kalbsschnitzel (à 180 g) |
| | Salz, Pfeffer |
| 2 | Scheiben gekochter Schinken |
| 2 | Scheiben Emmentaler |
| 1 | Ei |
| 6 EL | Milch |
| 5 EL | Mehl |
| 6 EL | Semmelbrösel |
| 3 EL | Butterschmalz |

**1** Die Schnitzel abspülen und trocken tupfen. Nacheinander in einen Tiefkühlbeutel legen und mit einem Fleischklopfer oder dem Boden einer Pfanne möglichst dünn klopfen. Die Schnitzel von beiden Seiten salzen und pfeffern. Auf die eine Hälfte der Schnitzel je eine Scheibe Schinken und Käse legen und über die zweite Hälfte klappen. Die offenen Enden mit drei Rouladennadeln verschließen.

**2** Ei, Milch und etwas Salz und Pfeffer in einer flachen Schale verrühren. Mehl und Semmelbrösel auf jeweils einem Teller ausstreuen.

**3** Das Fleisch erst im Mehl, dann im Ei und zuletzt in den Semmelbröseln sorgfältig wenden, die Brösel fest andrücken und überschüssige Brösel vorsichtig abschütteln.

**4** Das Butterschmalz in einer Pfanne erhitzen und das Fleisch darin bei mittlerer Hitze von beiden Seiten goldbraun braten und sofort servieren.

## DAS PASST DAZU!

Zu diesem herzhaften Cordon bleu passt am besten ein bunter Salat.

## Küchen-Know-how

**Statt Rouladennadeln kann man auch Zahnstocher verwenden.**

VEGAN

# ORIENTALISCHE AUBERGINEN

## aus dem Backofen

**Auberginen mit Zwiebelfüllung – das mag etwas abwegig klingen, schmeckt aber großartig! Denn durch das Kochen in der Tomatensauce bekommen die Zwiebeln eine wunderbar süße Note. Ich wette, dieses Gericht überzeugt auch Auberginen-Skeptiker!**

**Für 4 Personen**

| | |
|---|---|
| 3 | große Auberginen |
| 5 | Zwiebeln |
| 3 | Knoblauchzehen |
| 4 EL | Olivenöl |
| 300 g | passierte Tomaten |
| ½ | Bund Koriander, Blätter abgezupft |
| ½ | Bund Minze, Blätter abgezupft |
| 4 | mittelgroße Kartoffeln |
| | Salz, Pfeffer |
| | Zucker |

1 Den Backofen auf 180 °C Ober-/Unterhitze vorheizen. Die Auberginen horizontal halbieren und die Hälften mit einem Messer so aushöhlen, dass eine tiefe Kuhle entsteht, aber noch Fruchtfleisch zurückbleibt. Das entfernte Fleisch in kleine Würfel schneiden.

2 Zwiebeln schälen, halbieren und in dünne Ringe schneiden. Knoblauch schälen und würfeln. Das Olivenöl in einer Pfanne erhitzen und Zwiebel, Knoblauch und Auberginenfleisch darin einige Minuten anbraten. Tomaten und 300 ml Wasser dazugeben, alles gut vermischen und die Füllung so lange kochen lassen, bis das Wasser verdampft ist.

3 In der Zwischenzeit Koriander- und Minzeblätter fein hacken. Die Kartoffeln schälen und in dünne Spalten schneiden. Die Kräuter unter die Füllung mischen und mit Salz, Pfeffer und Zucker abschmecken.

4 Die Auberginenhälften nebeneinander in eine Auflaufform (28 x 24 cm) legen, salzen und mit der Zwiebelmischung füllen. Die Kartoffeln um die Auberginen verteilen und kräftig salzen. So viel Wasser auffüllen, dass der Boden der Auflaufform bedeckt ist.

5 Den Auflauf auf der mittleren Schiene im Ofen etwa 60 Minuten backen. Die Auberginen eventuell 20 Minuten vor Ende der Garzeit mit Alufolie abdecken, damit sie nicht zu dunkel werden.

**DAS PASST DAZU!**

Herzhafter Schafskäse (wenn das Gericht nicht vegan sein muss) und fruchtige Granatapfelkerne sind die perfekte Ergänzung.

00:40

# PUTENRAGOUT UND KÜRBIS-RÖSTI

**Dieses schnelle Ragout gab es bei uns zu Hause, als wir klein waren. Und zwar immer, wenn Mama unterwegs war und Papa, der nicht viel Erfahrung in der Küche hatte, etwas kochen wollte, was uns richtig gut schmeckte. Wir haben kein einziges Mal gemeckert!**

**Für 2 Personen**

| | |
|---|---|
| 400 g | Putenschnitzel |
| 1 | Zwiebel |
| 2 | Knoblauchzehen |
| 5 EL | Pflanzenöl |
| | Salz, Pfeffer |
| 1 Dose | gehackte Tomaten (400 g) |
| 2 | Zweige Rosmarin |
| 75 ml | Kochsahne |
| 1 EL | gehackter Thymian |
| 2 EL | gehackte Petersilie |
| | Zucker |
| 300 g | Kartoffeln |
| 350 g | Hokkaidokürbis |
| 3 EL | Mehl |

**Zutaten-Karussell** Das Fleisch zusätzlich mit etwas Sherry oder Portwein ablöschen.

1 Die Putenschnitzel in Streifen schneiden, Zwiebel und Knoblauch schälen und fein würfeln. 3 EL Öl in einer Pfanne erhitzen und das Fleisch darin von allen Seiten kurz scharf anbraten und salzen. Zwiebel und Knoblauch dazugeben und kurz mitbraten. Tomaten, Rosmarin und 300 ml Wasser dazugeben und alles bei mittlerer Hitze so lange köcheln lassen, bis das Wasser verkocht ist. Sahne, Thymian und Petersilie untermischen, das Ragout mit Salz, Pfeffer und 1 Prise Zucker abschmecken. Die Rosmarinzweige entfernen.

2 Die Kartoffeln schälen, den Kürbis entkernen. Kartoffeln und Kürbisfleisch mit einer Reibe grob raspeln. Die Raspel mit den Händen gut ausdrücken und in einer Schüssel mit Mehl und etwas Salz vermengen.

3 1 EL Öl in einer kleinen beschichteten Pfanne erhitzen, die Hälfte der Gemüseraspel zu einem festen Rösti zusammenpressen, in die Pfanne geben und flach drücken. Mit der zweiten Hälfte genauso verfahren. Die Rösti bei mittlerer Hitze von beiden Seiten braten, bis sie goldbraun und gar sind, dann auf einen Teller geben. Die Kürbis-Rösti zusammen mit dem Ragout servieren.

## Küchen-Know-how

**Hokkaido muss man im Gegensatz zu anderen Kürbissorten nicht schälen – sehr praktisch!**

00:40

Pasta
Liebe

# PASTA-LIEBE

Lang oder kurz, gerade oder geringelt, gefüllt oder mit Sauce, in der Suppe oder im Salat – alle lieben Pasta!

Kinder sind verrückt danach und selbst meine Oma mit ihren 87 Jahren kann noch immer nicht genug von ihrem Lieblingsessen – Spaghetti mit Tomatensauce – bekommen.

Meine Pasta-Liebe hat viele Gründe: Der Geruch von Makkaroni erinnert mich an schöne Momente in meiner Kindheit, wenn die ganze Familie zusammen am Tisch saß. Und während des Studiums haben sie mir an Sonn- und Feiertagen wohl schon manchmal das Leben gerettet, wenn im Kühlschrank gähnende Leere herrschte. Pasta schmeckt schließlich auch einfach mit einem Stück Butter.

Mit den folgenden Rezepten kann jeder seine eigene Pasta-Geschichte schreiben oder seine Pasta-Liebe neu entdecken.

# PESTO & PASTASAUCE

00:15

RUCOLA-PESTO

ROSMARIN-NUSS-PESTO

TOMATEN-MANDEL-PESTO

00:15
GORGONZOLA-SAUCE
GEMÜSE-KRÄUTER-SAUCE
00:25
00:40
DIE BESTE TOMATENSAUCE DER WELT!

# PESTO

## 3 x anders

Ergibt jeweils 4 Portionen

**RUCOLA-PESTO**

| | |
|---|---|
| 125 g | Rucola |
| 5 EL | geriebener Ziegenhartkäse |
| 4 EL | gehackte Cashewkerne |
| 6 EL | Olivenöl |
| ½ TL | Pfeffer |

VEGETARISCH

**ROSMARIN-NUSS-PESTO**

| | |
|---|---|
| 4 EL | gehackte Erdnusskerne |
| 4 EL | gehackte Walnusskerne |
| 4 EL | gehackte Pistazienkerne |
| 2 EL | Rosmarinnadeln |
| 6 EL | Olivenöl |
| | Pfeffer |

VEGAN

**TOMATEN-MANDEL-PESTO**

| | |
|---|---|
| 1 Glas | getrocknete Tomaten in Öl (280 g) |
| ½ | Bund Basilikum |
| 1 | Chilischote |
| 5 EL | geriebener Parmesan |
| 4 EL | geröstete Mandelblättchen |

VEGETARISCH

**Selbst gemachte Pestos sind ideal, um in Windeseile extrem leckere und unkomplizierte Pasta zu zaubern. Dazu rührt man das Pesto einfach mit ein paar Esslöffeln Nudelwasser unter die frisch gekochten Nudeln und schon steht ein herrlich duftendes Gericht auf dem Tisch.**

### RUCOLA-PESTO mit Ziegenkäse

Den Rucola waschen, trocknen, die Stiele entfernen und den Rucola hacken. Mit Ziegenkäse, Cashewkernen, Olivenöl und Pfeffer in ein hohes Gefäß geben und mit dem Stabmixer zu einem sämigen Pesto pürieren.

### ROSMARIN-NUSS-PESTO

Nüsse, Rosmarin, Olivenöl und etwas Pfeffer in ein hohes Gefäß geben und mit dem Stabmixer fein pürieren.

### TOMATEN-MANDEL-PESTO

Die Tomaten gut abtropfen lassen (dabei 3 EL Öl aufheben) und grob hacken. Das Basilikum und die Chilischote ebenfalls grob hacken, mit Tomaten, Parmesan, Mandeln und dem Öl der Tomaten in ein hohes Gefäß geben und mit dem Stabmixer fein pürieren.

### Küchen-Know-how

**Die Pestos sind, mit etwas Pflanzenöl beträufelt und mit Klarsichtfolie abgedeckt, im Kühlschrank bis zu einer Woche haltbar.**

# PASTASAUCE

3 x anders

Ergibt 4 Portionen

**TOMATENSAUCE** VEGAN

| | |
|---|---|
| 2 | Zwiebeln |
| 2 | Knoblauchzehen |
| ½ | Knolle Sellerie |
| 1 | Möhre |
| 3 EL | Olivenöl |
| 2 | Dosen passierte Tomaten (à 400 g) |
| | Salz, Pfeffer |

**DAS PASST DAZU!**
Die Tomatensauce kann man, je nach Geschmack, mit etwas Petersilie, Basilikum, Oregano oder Thymian verfeinern.

Für 2 Personen

**GEMÜSE-KRÄUTER-SAUCE** VEGETARISCH

| | |
|---|---|
| 150 g | TK-Erbsen |
| 1 | Knoblauchzehe |
| 150 g | Kochsahne |
| 1 TL | gehackter Thymian |
| 1 TL | gehackter Rosmarin |
| 1 TL | gehackte Petersilie |
| | Salz, Pfeffer |

**GORGONZOLA-SAUCE** VEGETARISCH

| | |
|---|---|
| 70 g | Gorgonzola |
| 6 | Salbeiblätter |
| 1 TL | Butter |
| 75 ml | Weißwein |
| 150 g | Kochsahne |
| | Salz, Pfeffer |

## TOMATENSAUCE

Zwiebeln und Knoblauchzehen schälen und würfeln. Sellerie und Möhre schälen und in kleine Stücke schneiden. Das Öl in einem Topf erhitzen und das Gemüse darin ein paar Minuten anbraten. Die Tomaten und 800 ml Wasser dazugeben und die Sauce bei mittlerer Hitze so lange köcheln lassen, bis das Gemüse weich und das Wasser verdampft ist. Die Sauce mit dem Stabmixer fein pürieren und mit Salz und Pfeffer abschmecken.

## GEMÜSE-KRÄUTER-SAUCE

Die Erbsen über Nacht im Kühlschrank auftauen lassen. Die Knoblauchzehe schälen, grob hacken, zusammen mit den Erbsen in einen kleinen Topf geben und mit dem Stabmixer fein pürieren. Sahne und 100 ml Wasser unterrühren und alles zum Kochen bringen. Die Sauce so lange köcheln lassen, bis sie eine schöne Konsistenz hat, die Kräuter unterrühren und mit Salz und Pfeffer abschmecken.

## GORGONZOLASAUCE

mit Weißwein und Salbei

Den Gorgonzola in kleine Stücke schneiden und den Salbei in schmale Streifen schneiden. Die Butter in einer Pfanne schmelzen, die Salbeiblätter hineingeben und kurz anschwitzen. Den Weißwein dazugeben, kurz einkochen lassen und Sahne, 3 EL Wasser und den Gorgonzola dazugeben. Den Käse bei mittlerer Hitze schmelzen lassen und die Sauce kurz köcheln lassen, bis sie eine schöne Konsistenz hat, dann mit Salz und Pfeffer abschmecken.

### Küchen-Know-how

**Wenn etwas Sauce übrig bleibt, einfach gut auskühlen lassen, in einen Gefrierbeutel füllen, gut verschließen, einfrieren und innerhalb der nächsten drei Monate verbrauchen.**

# MEATBALL-CAPELLINI

PRESENTED BY TOYAH

## mit Marinara-Mascarpone-Sauce

**Mein Freund und ich sind riesige New-York-Fans – und das nicht zuletzt, weil es in dieser Stadt kulinarisch so unglaublich vielfältig zugeht. Als wir im vergangenen Sommer wieder dort waren, haben wir etwas Neues entdeckt: ein kleines Restaurant namens The Meatball Shop, das, getreu seinem Namen, Fleischbällchen in allen erdenklichen Varianten kredenzt. Wir waren begeistert vom Meatball-Sandwich, den vegetarischen Meatballs auf Risotto oder den Spicy Meatballs auf Salat, aber die allerbesten Meatballs waren die mit frischen Kräutern in fruchtiger Marinara-Sauce, mit leckerem Mascarpone und Nudeln – das Rezept darf hier nicht fehlen!**

**Für 2 Personen**

| | |
|---|---|
| 1 | Zwiebel |
| 2 EL | Olivenöl |
| 400 g | passierte Tomaten |
| 2 EL | Mascarpone |
| 1 | Handvoll Basilikumblätter |
| | Salz, Pfeffer |
| 1 Prise | Zucker |
| 1 | Scheibe Toastbrot |
| 200 g | Rinderhackfleisch |
| 1 | Ei |
| 3 EL | geriebener Parmesan |
| 1 TL | gehackter Rosmarin |
| 1 TL | gehackter Thymian |
| 1 TL | getrockneter Oregano |
| 200 g | Capellini |
| | Pflanzenöl |

**1** Die Zwiebel schälen und fein würfeln. Das Olivenöl in einer Pfanne erhitzen und die Zwiebel darin glasig anschwitzen. Die Tomaten und 200 ml Wasser dazugeben und die Tomatensauce bei mittlerer Hitze so lange köcheln lassen, bis das Wasser verdampft ist. Den Mascarpone und das Basilikum unterrühren und die Sauce mit Salz, Pfeffer und Zucker abschmecken.

**2** Das Toastbrot auf einer Reibe fein zerreiben und mit Hackfleisch, Ei, Parmesan, den Kräutern und reichlich Salz und Pfeffer in eine Schüssel geben. Mit den Händen zu einem homogenen Teig verkneten und zu etwa sechs Meatballs formen.

**3** Die Capellini in einem großen Topf mit kochendem Salzwasser nach Packungsanweisung bissfest garen und abgießen.

**4** In der Zwischenzeit so viel Pflanzenöl in eine Pfanne geben, dass der Pfannenboden bedeckt ist, und erhitzen. Die Meatballs darin bei mittlerer Hitze von allen Seiten goldbraun braten und gut abtropfen lassen. Die Tomatensauce über den angerichteten Capellini verteilen und die Meatballs daraufsetzen.

## IM NU VEGETARISCH!

Für vegetarische Meatballs einfach das Hackfleisch durch 200 g grob geraspelten Tofu und 100 g grob geraspelte und gut ausgedrückte Zucchini ersetzen.

VEGETARISCH

VEGETARISCH

# ORECCHIETTE-SALAT

## mit frischem Spinat, griechischem Joghurt und Pinienkernen

**Nudeln mit Spinat und Joghurt gab es bei uns zu Hause oft im Sommer. Denn wenn die Temperaturen steigen, sehnt man sich nach etwas Erfrischendem, das leicht bekömmlich ist, aber trotzdem satt und zufrieden macht. Und obwohl wir als Kinder von Spinat nicht gerade begeistert waren, hatten wir an dieser Variante nichts auszusetzen. Die Kombination hier schmeckt als lauwarme Pasta genauso wie als kalter Nudelsalat.**

**Für 2 Personen**

| | |
|---|---|
| 250 g | Orecchiette |
| 400 g | junger Spinat |
| 3 EL | Pinienkerne |
| 1 | Zwiebel |
| 3 EL | Olivenöl |
| | Salz, Pfeffer |
| 1 Prise | geriebene Muskatnuss |
| 200 g | griechischer Joghurt |

1 Die Orecchiette in einem großen Topf mit kochendem Salzwasser nach Packungsanweisung bissfest garen und abgießen.

2 In der Zwischenzeit den Spinat gründlich waschen und welke Blätter entfernen. Die Pinienkerne in einer Pfanne ohne Fett rösten. Die Zwiebel schälen und würfeln.

3 Das Olivenöl in einer Pfanne erhitzen und die Zwiebel darin anschwitzen. Nach und nach den Spinat dazugeben und kurz mitgaren. Den Spinat mit Salz, Pfeffer und Muskatnuss würzen und die Nudeln untermischen. Anschließend den Joghurt unter die leicht abgekühlten Spinat-Nudeln rühren und die Pasta nach dem Anrichten mit Pinienkernen und etwas Pfeffer bestreuen.

### DAS PASST DAZU!

250 g frisches Lachsfilet in etwa 2,5 cm große Stücke schneiden. 3 EL Pflanzenöl in einer Pfanne erhitzen. Die Fischstücke von allen Seiten kurz scharf anbraten, salzen und auf dem Nudelsalat servieren.

00:25

# SPINAT-RICOTTA-CANNELLONI

## mit Tomatensugo und Mozzarella

**Für mich eines der besten Cannelloni-Rezepte, denn frischer Spinat, cremiger Ricotta und fruchtige Tomaten sind eine unschlagbare Kombination. Noch dazu sind die Cannelloni so einfach zuzubereiten, dass sie das Potenzial zum absoluten Lieblingsgericht haben.**

**Für 4 Personen**

| | |
|---|---|
| 600 g | Spinat |
| 1 | Zwiebel |
| 1 Dose | gehackte Tomaten (400 g) |
| | Salz, Pfeffer |
| 1 Prise | Zucker |
| 2 EL | Olivenöl |
| 250 g | Ricotta |
| 1 Prise | frisch geriebene Muskatnuss |
| 250 g | Mozzarella |
| 250 g | Cannelloni |
| 2 EL | Pinienkerne |

**Zutaten-Karussell**

Statt Spinat kann man auch Mangold oder Wirsing verwenden.

1 Den Backofen auf 200 °C Ober-/Unterhitze vorheizen. Den Spinat gründlich waschen, dabei welke Blätter und Stielansätze entfernen. Den Spinat in schmale Streifen schneiden. Die Zwiebel schälen und würfeln.

2 Die Tomaten in einen kleinen Topf geben und mit 300 ml Wasser auffüllen. Die Sauce bei mittlerer Hitze so lange köcheln lassen, bis etwa die Hälfte des zugefügten Wassers verdampft ist, und mit Salz, Pfeffer und Zucker abschmecken.

3 In der Zwischenzeit das Öl in einer Pfanne erhitzen und die Zwiebel kurz anbraten. Den Spinat nach und nach hineingeben und so lange mitgaren, bis er zusammenfällt und das Spinatwasser verdampft ist. Den Ricotta unter den Spinat mischen und mit Salz, Pfeffer und Muskatnuss abschmecken. Den Mozzarella reiben.

4 Die Cannelloni mit Hilfe eines kleinen Löffels mit dem Spinat füllen und nebeneinander in eine Auflaufform (28 x 22 cm) legen. Die Cannelloni mit der Tomatensauce übergießen und mit dem Mozzarella bestreuen.

5 Die Cannelloni auf der mittleren Schiene im Ofen etwa 35 Minuten backen und 10 Minuten vor Ende der Garzeit mit den Pinienkernen bestreuen.

00:35

VEGETARISCH



# SELBST GEMACHTE PASTA

**2 x anders — Teil 1**

**Für jeweils 2 Personen**

**GRUNDREZEPT NUDELTEIG**

| | |
|---|---|
| 200 g | Mehl |
| 2 | Eier |
| ½ TL | Salz |

**SPARGEL-RAVIOLI**

| | |
|---|---|
| 1 | Grundrezept Nudelteig |
| 450 g | grüner Spargel |
| 2 EL | Pflanzenöl |
| 100 g | Gorgonzola |
| | Salz, Pfeffer |
| 1 EL | Butter |
| 8 | Salbeiblätter |
| 2 EL | geriebener Parmesan |

**Zutaten-Karussell**

Statt Spargel kann man auch in kleine Würfel geschnittene Champignons verwenden

Mehl, Eier, Salz und etwa 2 EL Wasser in einer Schüssel mit den Händen zu einem festen Teig verkneten. Den Teig zu einer Kugel formen, in Klarsichtfolie wickeln und für 30 Minuten kalt stellen.

## SPARGEL-RAVIOLI

mit Gorgonzola und Salbeibutter

1. Den Nudelteig zubereiten wie im Grundrezept beschrieben. Das untere Drittel der Spargelstangen schälen, die holzigen Enden entfernen und den Spargel in dünne Scheiben schneiden. Die Spargelspitzen dabei ganz lassen und zur Seite stellen.

2. Das Öl in einer Pfanne erhitzen und den Spargel bei mittlerer Hitze einige Minuten anbraten. Den Gorgonzola in kleine Stücke schneiden, zum Spargel geben und schmelzen lassen. Die Füllung mit etwas Pfeffer abschmecken und auskühlen lassen.

3. Den Nudelteig auf einer bemehlten Fläche mit dem Nudelholz so dünn wie möglich ausrollen. Mit einer kleinen Tasse (Ø etwa 5 cm) so viele Kreise wie möglich ausstechen. Bei der Hälfte der Kreise in die Mitte jeweils einen kleinen Teelöffel Füllung geben. Jeweils mit den übrigen Teigkreisen bedecken und die Ränder gut zusammendrücken.

4. Einen großen Topf Salzwasser zum Kochen bringen, die Ravioli hineingeben und bei mittlerer Hitze etwa 12 Minuten gar ziehen lassen, dann abgießen.

5. In der Zwischenzeit die Butter in einer Pfanne erhitzen. Die Spargelköpfe darin bei mittlerer Hitze ein paar Minuten anbraten, salzen und die Salbeiblätter dazugeben. Die fertig gegarten Tortellini unterrühren und nach dem Anrichten mit Parmesan und etwas Pfeffer bestreuen.

01:30

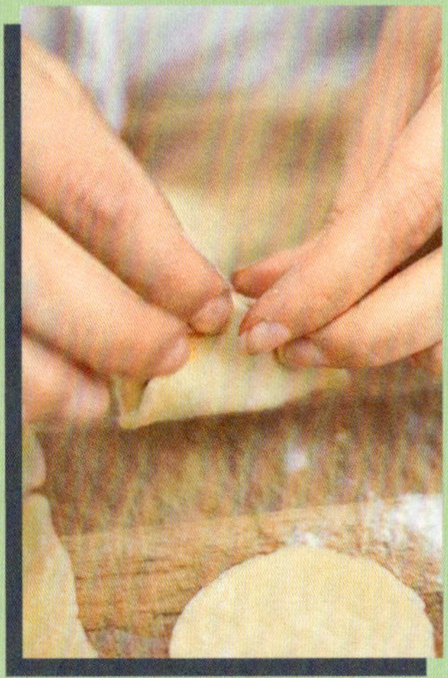

01:30

# SELBST GEMACHTE PASTA

2 x anders — Teil 2

**Für jeweils 2 Personen**

**TORTELLINI**

| | |
|---|---|
| 1 | Grundrezept Nudelteig |
| 1 | Zwiebel |
| 2 EL | Olivenöl |
| 250 g | gemischtes Hackfleisch |
| 300 g | passierte Tomaten |
| 1 | Zimtstange |
| 2 EL | gehacktes Basilikum |
| 4 EL | geriebener Parmesan |
| | Salz, Pfeffer |
| 100 g | Kochsahne |

## IM NU VEGETARISCH!

Statt Hackfleisch kann man auch dieselbe Menge fein gewürfelte Zucchini und Möhren verwenden.

VEGETARISCH

## TORTELLINI

mit Hackfleisch, Tomaten und Parmesan

1 Den Nudelteig zubereiten wie im Grundrezept beschrieben. Die Zwiebel schälen und würfeln. Das Olivenöl in einer Pfanne erhitzen und Zwiebel und Fleisch darin bei starker Hitze scharf anbraten. Die Hitze herunterschalten und das Hackfleisch bei mittlerer Hitze so lange weitergaren, bis der austretende Fleischsaft verdampft ist.

2 Tomaten, Zimtstange und 300 ml Wasser dazugeben und die Sauce so lange köcheln lassen, bis das Wasser verdampft und eine dickflüssige Füllung entstanden ist. Basilikum und 2 EL Parmesan unter die Füllung rühren, mit Salz und Pfeffer abschmecken und auskühlen lassen.

3 Den Nudelteig auf einer bemehlten Fläche mit einem Nudelholz so dünn wie möglich ausrollen. Mit einer Tasse (Ø etwa 7 cm) so viele Kreise wie möglich ausstechen. In die Mitte der Kreise einen kleinen Klecks Füllung geben, zu Halbmonden zusammenklappen und die Ränder gut andrücken. Die Halbmonde vorsichtig etwas in die Länge ziehen, die spitzen Enden miteinander verbinden und mit den Fingern gut zusammendrücken, sodass Tortellini entstehen.

4 Einen großen Topf Salzwasser zum Kochen bringen, die Tortellini hineingeben und bei mittlerer Hitze etwa 8 Minuten gar ziehen lassen, abschöpfen und auf zwei Teller verteilen. Die Kochsahne zur restlichen Füllung geben und alles erhitzen. Die Hackfleischsauce über den Tortellini verteilen und mit dem restlichen Parmesan bestreuen.

00:35

# BAVETTE ALL'AMATRICIANA

mit Rosmarinbröseln

**Bei dieser Pasta muss ich immer an eine süditalienische Mamma denken. In meiner Vorstellung kocht sie dieses Gericht für ihre Söhne, die nach einem langen, anstrengenden Tag von der Arbeit nach Hause kommen. Ein Klischeebild – zugegeben. Ich koche das Gericht für meine Freunde. Und die frisch gekochten Nudeln mit dem gebratenen Speck, den würzigen Zwiebeln, den fruchtigen Tomaten und dem Wein schmecken so herrlich nach italienischer Hausmannskost, dass man einfach ins Schwelgen kommt!**

**Für 2 Personen**

| | |
|---|---|
| 250 g | Bavette |
| 1 | Scheibe Toastbrot |
| 1 TL | Butter |
| 3 | Zweige Rosmarin, die Nadeln abgezupft |
| 2 EL | fein geriebener Parmesan |
| 3 | Tomaten |
| 1 | kleine Zwiebel |
| 120 g | Speck |
| 2 EL | Olivenöl |
| 125 ml | Rotwein |
| | Salz, Pfeffer |
| 1 Prise | Zucker |

## Küchen-Know-how

**Um Zeit und Arbeit zu sparen, kann man die Tomaten auch ganz einfach kurz mit ins kochende Nudelwasser geben.**

1. Die Bavette in einem großen Topf mit kochendem Salzwasser nach Packungsanweisung bissfest garen und abgießen.

2. In der Zwischenzeit für die Rosmarinbrösel das Toastbrot mit einer Küchenreibe fein reiben. Die Butter in einer kleinen Pfanne schmelzen und die Toastkrümel kurz goldbraun braten. Die Pfanne vom Herd nehmen und Rosmarin und Parmesan untermischen.

3. Die Tomaten an der Unterseite kreuzweise einritzen und in einem Topf mit kochendem Wasser etwa 2 Minuten köcheln lassen, mit einem Schaumlöffel herausnehmen und auskühlen lassen. Die Haut abziehen, die Tomaten entkernen und in kleine Stücke schneiden. Den Tomatensaft dabei auffangen.

4. Die Zwiebel schälen, halbieren und mit dem Küchenhobel in dünne Scheiben hobeln. Den Speck in dünne Streifen schneiden. Das Olivenöl in einer Pfanne erhitzen und Speck und Zwiebel darin braten, bis der Speck leicht kross ist. Wein, Tomatenstückchen und -saft dazugeben, alles gut verrühren und bei mittlerer Hitze so lange köcheln lassen, bis die Sauce etwas eingekocht ist. Die Nudeln unterheben.

5. Die Pasta mit Salz, Pfeffer und Zucker abschmecken und nach dem Anrichten mit den Rosmarinbröseln bestreuen.

# SPAGHETTI VONGOLE

**Venusmuscheln (italienisch: vongole) sind vor allem für Muschel-Anfänger superpraktisch, da sie völlig unproblematisch und blitzschnell zuzubereiten sind. Zusammen mit der Pasta, den Gewürzen und dem fruchtigen Wein duften sie so gut und sehen so wunderschön aus, dass man sie gern einer besonderen Person oder zu einem speziellen Anlass serviert.**

**Für 2 Personen**

| | |
|---|---|
| 250 g | Spaghetti |
| 600 g | Venusmuscheln |
| 1 | Tomate |
| 1 | Zwiebel |
| 2 | Knoblauchzehen |
| 1 | Chilischote |
| 3 EL | Olivenöl |
| 150 ml | Weißwein |
| 1 EL | Butter |
| 2 EL | gehackte Petersilie |
| | Salz, Pfeffer, Zucker |
| 2 EL | geriebener Parmesan |

1. Die Spaghetti in einem großen Topf mit kochendem Salzwasser nach Packungsanweisung bissfest garen und abgießen.

2. In der Zwischenzeit die Venusmuscheln in kaltem Wasser gründlich waschen und offene und beschädigte Muscheln aussortieren. Die Tomate entkernen und würfeln, die Zwiebel schälen, vierteln und in dünne Scheiben hobeln. Den Knoblauch schälen und fein würfeln und die Chilischote fein hacken.

3. Das Olivenöl in einem Topf erhitzen und Zwiebel und Knoblauch darin glasig anschwitzen. Chili und Weißwein dazugeben und aufkochen. Die Muscheln in den kochenden Sud geben und zugedeckt etwa 5 Minuten köcheln lassen, dabei gelegentlich umrühren. Die Muscheln, die sich nicht geöffnet haben, aussortieren.

4. Die Butter zu den Muscheln geben und den Sud ein paar Minuten offen einkochen lassen, bis er leicht eindickt. Spaghetti und Petersilie dazugeben, alles gut vermischen und mit Salz, Pfeffer und 1 Prise Zucker abschmecken. Die Pasta nach dem Anrichten mit dem Parmesan bestreuen.

## Küchen-Know-how

**Geöffnete und beschädigte Muscheln vor dem Kochen aussortieren und Muscheln, die sich beim Kochen nicht geöffnet haben, wegwerfen. Dann ist man auf der sicheren Seite.**

00:30

Siehe
nächste
Seite

# KÜRBIS-BOLOGNESE

3 x anders — Teil 1

Für jeweils 4 Personen

**GRUNDREZEPT KÜRBISBOLOGNESE**

| | |
|---|---|
| 1 | Zwiebel |
| 1 kg | Hokkaido-Kürbis |
| 3 EL | Olivenöl |
| 400 g | gemischtes Hackfleisch |
| 1 | Zimtstange |
| 5 | Nelken |
| 150 ml | Rotwein |
| 1 Dose | passierte Tomaten (400 g) |
| ½ Bund | Petersilie |
| | Salz, Pfeffer |

**SPAGHETTI MIT KÜRBISBOLOGNESE**

| | |
|---|---|
| 1 | Grundrezept Kürbisbolognese |
| 500 g | Spaghetti |
| 4 EL | geriebener Parmesan |

## KÜRBISBOLOGNESE

1 Die Zwiebel schälen und würfeln, den Kürbis entkernen und mit der Schale grob raspeln. Das Olivenöl in einer großen Pfanne erhitzen und Zwiebel, Kürbis, Hackfleisch, Zimtstange und Nelken darin kurz scharf anbraten und dann bei mittlerer Hitze so lange weiterbraten, bis der Fleischsaft verdampft ist.

2 Die Kürbisbolognese mit dem Rotwein ablöschen und den Wein verdampfen lassen. Tomaten und 400 ml Wasser dazugeben und die Bolognese so lange bei mittlerer Hitze kochen lassen, bis das Wasser verdampft ist.

3 Die Petersilie fein hacken. Die Gewürze aus der Kürbisbolognese entfernen, die Petersilie untermischen und mit Salz und Pfeffer kräftig abschmecken.

## SPAGHETTI mit Kürbisbolognese

Die Kürbisbolognese zubereiten wie im Grundrezept beschrieben. Die Spaghetti in einem großen Topf mit kochendem Salzwasser bissfest garen, abgießen und unter die heiße Bolognese mischen. Die Spaghetti auf Teller verteilen und nach dem Anrichten mit dem Parmesan bestreuen.

# KÜRBIS-BOLOGNESE

3 x anders — Teil 2

Für jeweils 4 Personen

**KÜRBIS-LASAGNE**

| | |
|---|---|
| 1 | Grundrezept Kürbisbolognese |
| 200 g | Kochsahne |
| 400 g | Lasagneblätter (ohne Vorkochen) |
| 200 g | Emmentaler, gerieben |

**TORTIGLIONI-AUFLAUF**

| | |
|---|---|
| 1 | Grundrezept Kürbisbolognese |
| 2 | Chilischoten |
| 500 g | Tortiglioni |
| 2 | Scheiben Toastbrot |
| 3 EL | geriebener Parmesan |
| 1 EL | gehackter Thymian |
| 200 g | Crème fraîche |
| 100 g | Kochsahne |
| | Salz, Pfeffer |

## KÜRBIS-LASAGNE

1 Die Kürbisbolognese zubereiten wie im Grundrezept beschrieben. Dann die Kochsahne unter die fertige Bolognese rühren.

2 Den Backofen auf 180 °C Ober-/Unterhitze vorheizen. In eine Auflaufform (30 x 23 cm) abwechselnd Bolognese, Lasagneblätter und Käse schichten, wobei die oberste Schicht aus Käse bestehen sollte.

3 Die Lasagne auf der mittleren Schiene im Ofen etwa 40 Minuten goldbraun backen.

## TORTIGLIONI-AUFLAUF

mit Parmesanbröseln

1 Die Kürbisbolognese zubereiten wie im Grundrezept beschrieben. Dabei die Chilischoten fein hacken und mit Gemüse und Fleisch anbraten.

2 Den Backofen auf 180 °C Ober-/Unterhitze vorheizen. Die Tortiglioni in einem großen Topf mit kochendem Salzwasser bissfest garen und abgießen.

3 Das Toastbrot mit einer Reibe fein reiben und mit Parmesan und Thymian in einer Schale vermischen. Crème fraîche, Sahne und etwas Salz und Pfeffer in einer anderen Schale verrühren.

4 Die Tortiglioni unter die Bolognese mischen und in eine Auflaufform (Ø 28 cm) geben. Die Crème-fraîche-Mischung darüber verteilen, leicht einarbeiten und den Auflauf auf der mittleren Schiene im Ofen etwa 35 Minuten backen. 10 Minuten vor Ende der Backzeit die Parmesanbrösel darüberstreuen.

00:40

SACHEN

# SÜSSE SACHEN

Ich weiß nicht, ob die Vorliebe für Süßes genetisch bedingt ist oder Pudding, Kuchen & Co. vor allem eine Frauendroge sind – ich liebe auf jeden Fall (fast) alles, was süß ist. Und ich bin sicher: Wenn ein Pudding mit Karamellsauce auf dem Tisch steht oder ein frisch gebackener Kuchen angeschnitten wird, kann kaum jemand widerstehen!

Deshalb habe ich in das krönende Schlusskapitel alles hineingepackt, was süße Herzen höher schlagen lässt. Außerdem sollte man für alle Eventualitäten mit dem passenden Rezept gewappnet sein – egal, ob man feine Mandelhörnchen zum Verschenken braucht oder jemanden mit einer französischen Schokoladentarte beeindrucken möchte. Süße Sachen sind nun mal die besten Seelentröster.

Deshalb rein in die Schürze und auf geht's: Jetzt wird geknetet, geformt, gebacken, gerührt, karamellisiert und geschlemmt!

**Küchen-Know-how**

–

Statt frischem Obst kann man auch tiefgekühlte Beeren verwenden.

00:20

# MOUSSE

## 3 x anders

**Für jeweils 3 Personen**

**GRUNDREZEPT ZITRONENMOUSSE**

| | |
|---|---|
| 3 Blatt | weiße Gelatine |
| 200 g | Sahne |
| 500 g | Magerquark |
| 150 g | Zucker |
| 1 | Zitrone |

**HIMBEERMOUSSE**

| | |
|---|---|
| 300 g | Himbeeren |
| 1 | Grundrezept Zitronenmousse (ohne Zitrone) |
| 1 Blatt | weiße Gelatine |

**BROMBEER-KOKOS-MOUSSE**

| | |
|---|---|
| 250 g | Brombeeren |
| 100 ml | Kokosmilch |
| 1 | Grundrezept Zitronenmousse (ohne Zitrone) |
| 1 Blatt | weiße Gelatine Zitronenmousse |

### GRUNDREZEPT ZITRONENMOUSSE

1 Die Gelatine in einer Schüssel mit reichlich kaltem Wasser ein paar Minuten einweichen. Die Sahne mit den Rührstäben des Handrührgeräts steif schlagen. Quark und Zucker in einer Schüssel sorgfältig verrühren. Die Zitrone auspressen, den Saft in einen kleinen Topf geben und erhitzen. Die Gelatine ausdrücken und im heißen, nicht kochenden Saft auflösen.

2 5 EL Quark unter die Gelatine rühren und gut vermischen. Den Gelatinequark zum übrigen Quark geben und verrühren. Die Sahne mit einem Schneebesen unter die Quarkmasse heben und die Mousse für etwa 4 Stunden kalt stellen.

### HIMBEERMOUSSE

1 Die Himbeeren in ein hohes Gefäß geben und mit dem Stabmixer pürieren. Das Fruchtmus durch ein Sieb in einen kleinen Topf passieren.

2 Die Mousse wie im Grundrezept beschrieben zubereiten. Dabei das zusätzliche Gelatineblatt mit der übrigen Gelatine einweichen und verarbeiten und den Zitronensaft durch das Himbeermark ersetzen.

### BROMBEER-KOKOS-MOUSSE

1 Die Brombeeren in ein hohes Gefäß geben und mit dem Stabmixer pürieren. Das Fruchtmus durch ein Sieb in einen kleinen Topf passieren und die Kokosmilch dazugeben.

2 Die Mousse wie im Grundrezept beschrieben zubereiten. Dabei das zusätzliche Gelatineblatt mit der übrigen Gelatine einweichen und verarbeiten und den Zitronensaft durch das Brombeer-Kokos-Mark ersetzen.

VEGETARISCH

# SCHAFSJOGHURT

**3 x anders**

00:30

**Für 4 Personen**

### SCHAFSJOGHURT-PARFAIT

| | |
|---|---|
| 1 | Granatapfel |
| 2 | Eier |
| 200 g | Sahne |
| 5 EL | Zucker |
| 300 g | Schafsjoghurt |
| 4 EL | gehackte Pistazienkerne |
| 6 EL | gehackte Walnusskerne |
| 2 EL | Honig |

**Für 2 Personen**

### SCHAFSJOGHURT

| | |
|---|---|
| 1 | Handvoll Walnuss-kerne |
| 3 EL | Honig |
| 200 g | Schafsjoghurt |

### FRUCHTJOGHURT

| | |
|---|---|
| 50 g | Amarettini |
| 35 g | zerlassene Margarine |
| 2 | Birnen |
| 3 EL | Honig |
| 300 g | Schafsjoghurt |
| | Zimt zum Bestäuben |

**Zutaten-Karussell**

Wer keinen Schafsjoghurt mag, kann auch normalen Sahnejoghurt verwenden.

## SCHAFSJOGHURT-PARFAIT

mit Pistazien und Granatapfelkernen

1 Den Granatapfel schälen und die Kerne herauslösen (s. S. 185). Die Eier trennen und das Eiweiß mit den Rührstäben des Handrührgeräts steif schlagen. Die Sahne ebenfalls steif schlagen. Eigelbe und Zucker einige Minuten schaumig schlagen und Joghurt und die Hälfte der Nüsse unterrühren. Erst die Sahne, dann das Eiweiß und zum Schluss drei Viertel der Granatapfelkerne mit einem Schneebesen unter die Joghurtmischung heben und die Parfaitmischung in vier Förmchen (Ø 9 cm) gießen.

2 Das Parfait über Nacht in die Tiefkühltruhe stellen, die restlichen Granatapfelkerne im Kühlschrank aufbewahren. 10 Minuten vor dem Anrichten das Parfait aus der Kühlung nehmen und stürzen. Die restlichen Nüsse mit den restlichen Granatapfelkernen und dem Honig vermischen und über dem Parfait verteilen.

## DER KLASSIKER: SCHAFSJOGHURT

mit Walnüssen und Honig

1 Die Walnüsse in einer kleinen Pfanne leicht rösten. 2 EL Honig darüber verteilen, kurz karamellisieren lassen und zum Abkühlen beiseitestellen.

2 Den Joghurt gut verrühren, in eine Schale geben, die karamellisierten Nüsse und den restlichen Honig darüber verteilen.

00:10

00:20

## FRUCHTJOGHURT

mit gebackener Amarettini-Birne

1 Den Backofen auf 180 °C Ober-/Unterhitze vorheizen. Die Amarettini zerbröseln und mit der Margarine in einer Schale vermischen. Die Birnen halbieren und das Kerngehäuse so entfernen, dass eine Kuhle entsteht. Die Amarettini-Füllung in den Kuhlen verteilen. Die Birnen in eine kleine Auflaufform geben, mit 1 EL Honig beträufeln und auf der mittleren Schiene im Ofen etwa 35 Minuten backen.

2 Schafsjoghurt und restlichen Honig verrühren und auf zwei Teller verteilen. Die fertigen Birnen darauf anrichten und mit Zimt bestäuben.

## Küchen-Know-how

Die Butterkekse am besten in einen Gefrierbeutel geben und mit einem Nudelholz zerbröseln.

# CHEESECAKE

## aus dem Kühlschrank

**Für 12 Stücke**

**CHEESECAKE AUS DEM KÜHLSCHRANK**

| | |
|---|---|
| 200 g | Vollkornbutterkekse |
| 100 g | zerlassene Margarine |
| 9 Blatt | weiße Gelatine |
| 750 g | Magerquark |
| 250 g | Frischkäse |
| 250 g | Zucker |
| 2 | Päckchen Vanillezucker |
| 200 g | Sahne |

**CRUNCHY BLUEBERRY CHEESECAKE**

| | |
|---|---|
| 300 g | TK-Blaubeeren |
| 100 g | gebrannte Mandeln |
| 1 | Grundrezept Cheesecake |
| 30 g | Kokoschips |
| 2 EL | Zucker |
| 2 | gehäufte TL Speisestärke |

**Zutaten-Karussell**

Statt Blaubeeren kann man auch, je nach Geschmack und Saison, Himbeeren, Erdbeeren oder Brombeeren verwenden.

### CHEESECAKE AUS DEM KÜHLSCHRANK

1 Die Butterkekse fein zerbröseln und mit der Margarine in einer Schüssel vermischen. Die Masse in eine gefettete Springform (Ø 26 cm) geben, zu einem festen Boden drücken und kalt stellen.

2 Die Gelatine in kaltem Wasser einweichen. Quark, Frischkäse, Zucker und Vanillezucker in einer Schüssel mit den Rührstäben des Handrührgeräts verrühren. Die Sahne steif schlagen.

3 3 EL Wasser in einem kleinen Topf erhitzen und die ausgedrückte Gelatine in der heißen, nicht kochenden Flüssigkeit auflösen. 6 EL von der Quarkcreme sorgfältig unter die Gelatine rühren, dann die Gelatinemischung unter die restliche Quarkcreme mischen. Die Sahne mit einem Schneebesen unter die Creme heben, auf den Tortenboden gießen und glatt streichen. Den Cheesecake für mindestens 4 Stunden kalt stellen.

### CRUNCHY BLUEBERRY CHEESECAKE

1 Die Blaubeeren auftauen lassen und die Mandeln grob hacken. Den Cheesecake zubereiten wie im Grundrezept beschrieben. Dabei aber die Kekse nur grob zerbröseln und zusätzlich Mandeln und Kokoschips untermischen. Den fertigen Cheesecake kalt stellen.

2 Die Blaubeeren in einen kleinen Topf geben und mit dem Stabmixer pürieren. Das Fruchtmus erhitzen, den Zucker dazugeben und die Speisestärke durch ein feines Sieb streichen und nach und nach unterrühren. Das Fruchtmus so lange köcheln lassen, bis es eindickt. Auskühlen lassen, auf dem Cheesecake verteilen und den Kuchen wieder kalt stellen.

VEGETARISCH

# RÜHRKUCHEN

**5 x anders**

3 | APFEL-DINKEL-KUCHEN

4 | HIMBEER-MOHN-GUGELHUPF

5 | ZWETSCHGEN-KUCHEN

Für 1 Kuchen

**GRUNDREZEPT RÜHRKUCHEN**

| | |
|---|---|
| 250 g | Margarine |
| 150 g | Zucker |
| 4 | Eier |
| 300 g | Mehl |
| 1 | Päckchen Backpulver |
| 120 ml | Milch |

**MANDEL-KIRSCH-TARTE**

| | |
|---|---|
| ½ | Grundrezept Rührkuchen |
| 4 EL | gemahlene Mandeln |
| ½ Glas | Sauerkirschen (abgetropft 175 g) |
| 50 g | Mandelblättchen |
| | Puderzucker zum Bestäuben |

## Küchen-Know-how

**Garprobe: Ein Messer in die Mitte des Kuchens stechen und wieder herausziehen. Klebt kein Teig daran, ist der Kuchen fertig gebacken.**

# 1 | GRUNDREZEPT RÜHRKUCHEN

1 Den Backofen auf 180 °C Ober-/Unterhitze vorheizen und eine Kastenform (25 cm lang) mit etwas Margarine einfetten. Restliche Margarine, Zucker und Eier in einer Schüssel mit den Rührstäben des Handrührgeräts schaumig schlagen. Mehl, Backpulver und Milch dazugeben und alles zu einem glatten Teig verrühren.

2 Den Teig in die Form füllen und den Kuchen auf der mittleren Schiene im Ofen etwa 50 Minuten backen. 20 Minuten vor Ende der Backzeit den Kuchen eventuell mit Alufolie abdecken, damit er nicht zu dunkel wird. Garprobe machen (siehe Küchen-Know-how). Kuchen aus dem Ofen nehmen und etwas auskühlen lassen. Den Rand mit einem Messer lösen und aus der Form stürzen.

# 2 | MANDEL-KIRSCH-TARTE

Den Rührteig zubereiten wie im Grundrezept beschrieben. Zusätzlich die Mandeln unterrühren. Den Teig in eine gefettete Springform (Ø 26 cm) füllen. Die gut abgetropften Sauerkirschen gleichmäßig darauf verteilen und leicht in den Teig drücken. Die Mandelblättchen darüberstreuen und den Kuchen backen wie im Grundrezept beschrieben. Dabei verringert sich aber die Backzeit um etwa 20 Minuten. Den Kuchen aus der Form lösen und mit Puderzucker bestäuben.

00:30

## 3 | APFEL-DINKEL-KUCHEN
mit Nussstreuseln

1 Den Rührteig wie im Grundrezept beschrieben mit dem Dinkelmehl zubereiten. Die Äpfel schälen, das Kerngehäuse entfernen, die Äpfel in kleine Würfel schneiden und unter den fertigen Teig heben.

2 Den Teig in eine gefettete Springform füllen. Nüsse, Mandeln, Margarine und Zucker in einer Schüssel zu feinen Teigbröseln verkneten und gleichmäßig über dem Teig verteilen. Backen wie im Grundrezept beschrieben. Den fertigen Kuchen aus der Form lösen und mit Puderzucker und Zimt bestäuben.

## 4 | HIMBEER-MOHN-GUGELHUPF
mit Zitronenguss

1 Den Rührteig zubereiten wie im Grundrezept beschrieben. Dabei zusätzlich den Mohn unter den Teig rühren. Den Teig in eine gefettete Gugelhupfform füllen und die Himbeeren in gleichmäßigem Abstand hineindrücken. Backen wie im Grundrezept beschrieben. Den fertigen Kuchen aus der Form stürzen.

2 Puderzucker und Zitronensaft in einer Schale zu einem Zuckerguss verrühren und den ausgekühlten Kuchen damit glasieren.

## 5 | ZWETSCHGENKUCHEN vom Blech

1 Die Zwetschgen waschen, entsteinen und halbieren. Den Rührteig zubereiten wie im Grundrezept beschrieben.

2 Ein Backblech (38 x 35 cm) mit Backpapier auslegen, den Teig darauf glatt verstreichen. Die Zwetschgen gleichmäßig darauf verteilen. Backen wie oben beschrieben, allerdings verringert sich die Backzeit um etwa 20 Minuten. Den Kuchen auskühlen lassen.

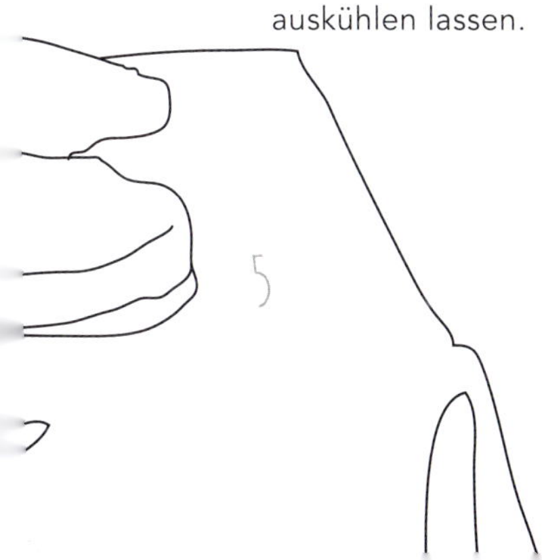

**Für 1 Kuchen**

**APFEL-DINKEL-KUCHEN**

| | |
|---|---|
| 1 | Grundrezept Rührkuchen (statt Mehl 300 g Dinkelmehl) |
| 3 | Äpfel |
| 35 g | gemahlene Haselnusskerne |
| 35 g | gemahlene Mandeln |
| 50 g | Margarine |
| 1 EL | Zucker |
| | Puderzucker zum Bestäuben |
| ½ TL | Zimt |

**HIMBEER-MOHN-GUGELHUPF**

| | |
|---|---|
| 1 | Grundrezept Rührkuchen |
| 30 g | Blaumohn |
| 200 g | Himbeeren |
| 150 g | gesiebter Puderzucker |
| 2 EL | Zitronensaft |

**ZWETSCHGENKUCHEN**

| | |
|---|---|
| 1½ kg | Zwetschgen |
| 1 | Grundrezept Rührkuchen |

**DAS PASST DAZU!**

Den Zwetschgenkuchen am besten mit einer Prise Zimt bestäubt und mit Schlagsahne servieren!

VEGETARISCH

# TIRAMISU

**Für 6 Personen**

**KOKOS-KNUSPER-TRAUM**

| | |
|---|---|
| **100 g** | **Kokosraspel** |
| **100 g** | **weiße Schokolade** |
| **200 g** | **Sahne** |
| **500 g** | **Magerquark** |
| **150 g** | **Zucker** |
| **250 g** | **Sfogliatine (glasierte Löffelbiskuits)** |
| **4 EL** | **Kokosmilch** |

**Zutaten-Karussell** Statt Sfogliatine kann man auch Kokos-Zwieback verwenden.

**HIMBEER-AMARETTO-TIRAMISU**

| | |
|---|---|
| **125 g** | **Himbeeren** |
| **3 EL** | **Himbeerkonfitüre** |
| **200 g** | **Sahne** |
| **500 g** | **Magerquark** |
| **150 g** | **Zucker** |
| **250 ml** | **kalter Kaffee** |
| **4 EL** | **Amaretto** |
| **200 g** | **Löffelbiskuits** |
| | **Kakaopulver zum Bestäuben** |

## KOKOS-KNUSPER-TRAUM

mit weißer Schokolade

1. Die Kokosraspel in einer Pfanne ohne Fett leicht rösten und die Schokolade fein reiben. Die Sahne mit den Rührstäben des Handrührgeräts steif schlagen. Quark, Zucker und die Hälfte der Kokosraspel und der Schokolade in einer Schüssel verrühren und die Sahne mit einem Schneebesen unterheben.

2. Die Sfogliatine in eine Schüssel geben, mit den Händen grob zerbröseln und die Kokosmilch unterrühren. Die Hälfte der Keksbrösel auf den Boden einer Auflaufform (16 x 22 cm) geben und etwas andrücken. Die Hälfte der Kokoscreme gleichmäßig darauf verstreichen. Darüber die restlichen Brösel verteilen und mit der restlichen Creme bedecken.

3. Den Kokos-Knusper-Traum etwa 4 Stunden kalt stellen. Vor dem Servieren mit der restlichen Schokolade und den restlichen Kokosflocken bestreuen.

## HIMBEER-AMARETTO-TIRAMISU

1. Die Himbeeren in eine Schüssel geben, mit einer Gabel zerdrücken und die Himbeerkonfitüre unterrühren. Die Sahne mit den Rührstäben des Handrührgeräts steif schlagen. Quark und Zucker in einer Schüssel verrühren und die Sahne unterheben. Kaffee und Amaretto in einer Schüssel vermischen.

2. Die Hälfte der Löffelbiskuits kurz in den Kaffee tunken und den Boden einer Auflaufform (16 x 22 cm) damit auslegen. Die Biskuits mit der Hälfte der Quarkcreme bedecken und das Himbeermark darauf verstreichen. Die restlichen Biskuits kurz in den Kaffee tunken, gleichmäßig auf dem Himbeermark auslegen und mit der übrigen Quarkcreme bedecken.

3. Das Tiramisu etwa 4 Stunden kalt stellen und vor dem Servieren mit dem Kakaopulver bestäuben.

00:35

## Küchen-Know-how

Kakaopulver immer durch ein feines Sieb direkt auf die Süßspeise stäuben.

VEGETARISCH

# LIMETTEN-TARTE

**Küchen-Know-how**

Unbedingt gesüßte Kondensmilch verwenden, die man in gut sortierten Supermärkten oder im Asia-Laden bekommt.

**An warmen Tagen hat man oft Lust auf einen Kuchen, der nicht allzu süß, buttrig und schwer ist. Dann ist diese Limettentarte genau das Richtige! Knuspriger Mürbeteigboden trifft auf eine samtige Limettencreme, die erfrischend, leicht herb und fruchtig-süß zugleich schmeckt. Wunderbar an einem Sommernachmittag oder an Tagen, an denen man sich nach dem Sommer sehnt.**

**Für 8 Stücke**

| | |
|---|---|
| 90 g | Margarine |
| 175 g | Mehl |
| 5 | Eigelb |
| 5 EL | Zucker |
| 1 Prise | Salz |
| 5 | Bio-Limetten |
| 1 Dose | (400 g) gesüßte Kondensmilch (Milchmädchen) |
| | Puderzucker zum Bestäuben |

## DAS PASST DAZU!

Die Tarte am besten mit frischen Himbeeren und einem schönen Milchkaffee genießen!

1. Den Backofen auf 180 °C Ober-/Unterhitze vorheizen und eine Tarteform (Ø 24 cm) mit etwas Margarine einfetten. Restliche Margarine, Mehl, 1 Eigelb, 2 EL Zucker, Salz und etwa 2 EL Wasser in einer Schüssel zu einem festen Teig verkneten.

2. Boden und Rand der Form mit dem Teig auskleiden und den Teigboden mehrmals mit einer Gabel einstechen. Auf der mittleren Schiene im Ofen etwa 6 Minuten backen und herausnehmen.

3. Für die Limettencreme die Schale der Limetten abreiben und 125 ml Saft auspressen. Die restlichen Eigelbe mit dem restlichen Zucker und der Kondensmilch mit den Rührstäben des Handrührgeräts etwa 6 Minuten schaumig schlagen. Limettensaft und -schale dazugeben und gut unterrühren.

4. Die Creme auf den Teigboden gießen und die Tarte auf der mittleren Schiene im Ofen etwa 30 Minuten backen, bis die Füllung fest wird. Die Tarte auskühlen lassen und vor dem Servieren mit etwas Puderzucker bestäuben.

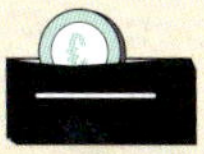

VEGETARISCH



# FRANZÖSISCHE SCHOKOLADENTARTE

**In Paris habe ich zum ersten Mal ein Stück Schokoladentarte gegessen, und ich muss sagen, ich liebe den feinen, altmodischen Pariser Schick, den solch zarte Kuchen verströmen. Dennoch sind die meisten sehr süß, liegen schwer im Magen und sind zu Hause nicht gerade einfach nachzubacken. Meine Tarte ist ganz anders, gelingt leicht und kann den Alltag im Nu versüßen.**

**Für 8 Stücke**

| | |
|---|---|
| 200 g | Butter |
| 200 g | Zartbitterschokolade |
| 4 | Eier |
| 200 g | Zucker |
| 2 EL | Mehl |
| | Puderzucker zum Bestäuben |

1. Den Backofen auf 180 °C Ober-/Unterhitze vorheizen und eine Springform (Ø 26 cm) mit etwas Butter einfetten. Die Schokolade in kleine Stücke brechen.
2. Schokolade und restliche Butter in eine Schüssel geben und über dem heißen Wasserbad oder in der Mikrowelle unter gelegentlichem Rühren schmelzen.
3. Eier und Zucker in einer Schüssel mit den Rührstäben des Handrührgeräts einige Minuten schaumig schlagen und unter die Schokomischung rühren. Das Mehl dazugeben und alles zu einem glatten Teig verrühren. Den Teig in die Springform gießen, glatt streichen und auf der mittleren Schiene im Ofen etwa 25 Minuten backen.
4. Den fertigen Kuchen etwas auskühlen lassen und mit Puderzucker bestäuben.

## Küchen-Know-how

**Um Schokolade über dem heißen Wasserbad zu schmelzen, füllt man einen Topf zu etwa einem Drittel mit Wasser, erhitzt es und hängt eine Schüssel in den Topf, die das Wasser am Topfboden nicht berühren darf. Wenn das Wasser kocht, die Hitze zurückschalten, die grob gehackte Schokolade in die Schüssel geben und unter gelegentlichem Rühren über dem heißen Wasserdampf schmelzen lassen.**

**DAS PASST DAZU!**

Am besten mit jeder Menge frischer Beeren servieren!

00:20

VEGETARISCH

00:15

# DER UNGLAUBLICHSTE BREAD-AND-BUTTER-PUDDING

## mit Schokolade und Karamell

**Ich muss zugeben, dass ich nicht der größte Fan von Karamell bin. Aber als ich eines Abends mit meinem Freund auf der Couch saß, hatte ich plötzlich Lust auf etwas richtig Weiches, Süßes, und da habe ich diesen Brotpudding ausprobiert. Ich habe dafür einige Reste verwertet, die ich noch zu Hause hatte, unter anderem Milchbrötchen und einen Schoko-Karamell-Riegel, und herausgekommen ist ein derart leckeres Dessert, dass einem beim Löffeln ganz warm ums Herz wird. So ein Brotpudding mit einem Hauch Karamell und Schokolade ist ein wahrer Glücklichmacher!**

### Für 2 Personen

| | |
|---|---|
| 1 TL | Butter |
| 200 g | Milchbrötchen |
| 1 | Schokoladenriegel mit Karamell (z. B. Snickers, 50 g) |
| 1 | Ei |
| 150 ml | Milch |
| 1 EL | Zucker |
| | Puderzucker zum Bestäuben |

**Zutaten-Karussell!**

Statt dem Schokoriegel kann man auch Schokostückchen, Rosinen, getrocknete Cranberrys oder Bananenstücke verwenden.

1 Den Backofen auf 180 °C Ober-/Unterhitze vorheizen und eine Auflaufform (Ø 16 cm) mit Butter einfetten. Die Milchbrötchen und den Schokoriegel in möglichst kleine Stücke schneiden.

2 Ei, Milch und Zucker mit dem Schneebesen in einer Schüssel gut verquirlen. Die Brötchenstücke hineingeben und gut unterrühren. Zum Schluss die Schokoriegelstücke untermischen und die Brotmasse in die Auflaufform füllen.

3 Den Brotpudding auf der mittleren Schiene im Ofen etwa 30 Minuten backen und 10 Minuten vor Ende der Backzeit eventuell mit Alufolie abdecken, damit er nicht zu dunkel wird. Den Brotpudding mit Puderzucker bestäuben und heiß servieren.

**DAS PASST DAZU!**

Den heißen Brotpudding unbedingt mit ein paar Kugeln Vanilleeis servieren!

VEGETARISCH

# APRIKOSEN-QUARK-STRUDEL

## mit Pistazien

**Mit meinem Rezept gelingt ein selbst gemachter Strudel ganz einfach, denn der Teig ist sehr elastisch und dehnbar. Deshalb: Ran ans Nudelholz! Und wenn doch mal alle Stricke reißen oder man in Zeitnot gerät, kann man immer noch auf den fertigen Strudelteig aus dem Kühlregal zurückgreifen.**

**Für 1 Strudel / 6 Portionen**

| | |
|---|---|
| 300 g | Mehl |
| 1 Prise | Salz |
| 4 EL | Pflanzenöl |
| 4 | Aprikosen |
| 2 | Eier |
| 500 g | Magerquark |
| 80 g | Zucker |
| 2 EL | Grieß |
| 4 EL | gehackte Pistazienkerne |
| 1 EL | zerlassene Margarine |
| | Puderzucker zum Bestäuben |

1 Ein Backblech mit Backpapier auslegen. Mehl, Salz, 150 ml warmes Wasser und Öl mit den Händen zu einem glatten, elastischen Teig verkneten. Den Teig auf eine bemehlte Arbeitsfläche geben, mit den Händen möglichst platt drücken und mit dem Nudelholz dünn ausrollen. Wenn der Teig anfängt, an der Arbeitsfläche haften zu bleiben, auf ein leicht bemehltes Strudel- oder sauberes Geschirrtuch legen und mit dem Nudelholz weiter ausrollen. Dabei den Teig zwischendurch hochheben, drehen und etwas bemehlen, dabei vorsichtig in alle Richtungen dehnen, damit er so dünn wie möglich wird, und zurück auf das Tuch legen.

2 Den Backofen auf 180 °C Ober-/Unterhitze vorheizen. Für die Füllung die Aprikosen entsteinen und in dünne Spalten schneiden. Die Eier trennen und das Eiweiß mit den Rührstäben des Handrührgeräts steif schlagen. Quark, Zucker, Grieß und Eigelbe in einer Schüssel verrühren. 3 EL Pistazien unterrühren und das Eiweiß vorsichtig unterheben.

3 Die Füllung der Länge nach auf dem unteren Viertel des Teigs verstreichen, dabei an den Rändern jeweils 2 cm frei lassen. Die Aprikosenspalten darüber verteilen und leicht eindrücken. Erst die seitlichen Strudelränder nach innen klappen, dann den Strudel der Länge nach aufrollen und mit Hilfe des Strudeltuchs auf das Backblech rollen, wobei die Nahtseite unten sein sollte.

4 Den Quark-Strudel mit der zerlassenen Margarine bepinseln und auf mittlerer Schiene im Ofen etwa 40 Minuten goldbraun backen. Eventuell 15 Minuten vor Ende der Backzeit mit Alufolie abdecken, damit er nicht zu dunkel wird. Den Strudel leicht abkühlen lassen, mit etwas Puderzucker bestäuben und mit den restlichen Pistazien bestreuen.

00:40

## Küchen-Know-how

Man kann auch mehrere kleine Strudel backen – als leckere Dessertpäckchen für unterwegs!

## IM NU VEGAN!

Den Strudel statt mit Quark mit der doppelten Menge der Apfel-Nuss-Füllung von S. 171 füllen.

VEGAN

VEGETARISCH



# MANDELHÖRNCHEN

## aus Marzipan

**Mein Freund Patrick liebt Mandelhörnchen! Aber als ich ihm ein paar backen wollte, lehnte er dankend ab. Er glaubte nicht, dass ich dieses feine, traditionelle Gebäck zu Hause genauso gut hinkriegen würde wie ein Konditor. In meiner Bäckerwürde gekränkt, machte ich mich gleich am nächsten Tag daran. Und siehe da – nach ein wenig Herumexperimentieren hatte ich das perfekte und vor allem supereinfache Rezept für Mandelhörnchen entdeckt. Und das Beste: Mein Freund hat den Unterschied zu den gekauften gar nicht erst bemerkt!**

**Für 10 Stück**

| | |
|---|---|
| 200 g | Marzipanrohmasse |
| 100 g | Puderzucker |
| 2 | Eiweiß |
| 25 g | Mehl |
| 25 g | Speisestärke |
| 1 | gestrichener TL Backpulver |
| 3 | Tropfen Bittermandelaroma |
| 100 g | Mandelblättchen |
| 100 g | Zartbitterschokolade |

## Küchen-Know-how

**Wenn der Teig aufgrund der Eiweißmenge zu feucht ist, einfach so viel zusätzliches Mehl und Speisestärke dazugeben, bis der Teig weich, elastisch und gut formbar ist.**

**Die luftig-zarten Mandelhörnchen sind hübsch verpackt das perfekte Gastgeschenk oder Mitbringsel für Freunde.**

1 Den Backofen auf 180 °C Ober-/Unterhitze vorheizen und ein Backblech mit Backpapier auslegen. Das Marzipan in kleine Stücke schneiden und in eine Schüssel geben. Den Puderzucker mit einem feinen Sieb darübersieben und die Masse mit den Händen gut verkneten. 1 Eiweiß, Mehl, Speisestärke, Backpulver und Bittermandelaroma dazugeben und daraus einen geschmeidigen Teig kneten.

2 Das andere Eiweiß mit 2 EL Wasser in einer Schüssel verquirlen und die Mandelblättchen auf einem Teller ausstreuen. Auf einer bemehlten Arbeitsfläche aus dem Teig etwa 13 cm lange und 1,5 cm dicke Rollen formen. Aus diesen leicht platte Hörnchen formen. Die Hörnchen vorsichtig im Eiweiß und dann in den Mandelblättchen wenden.

3 Die Mandelhörnchen mit genügend Abstand auf das Backblech legen und auf der mittleren Schiene im Ofen etwa 15 Minuten ganz leicht goldgelb backen. Die noch weichen Hörnchen gut auskühlen lassen, damit sie fest werden.

4 Die Schokolade im Wasserbad (s. S. 184) schmelzen und die Hörnchenenden hineintunken. Die Mandelhörnchen wieder auf das Backblech legen, um die Schokolade trocknen zu lassen.

00:45

VEGETARISCH

# QUARKKNÖDEL

## mit Zimtbröseln und Erdbeersauce

**Rezepte für Süßspeisenklassiker klingen oft aufwendig und kompliziert. Mein Rezept für diese göttlichen Quarkknödel ist glücklicherweise einfach und gelingsicher! Es eignet sich als Dessert, aber auch als süßes Hauptgericht.**

**Für 2 Personen**

| | |
|---|---|
| 300 g | TK-Erdbeeren |
| 1 | Päckchen Vanillezucker |
| 50 g | Margarine |
| 2 EL | Semmelbrösel |
| 2 EL | gemahlene Haselnusskerne |
| 2 EL | Kokosraspel |
| ½ TL | gemahlener Zimt |
| 4 EL | Zucker |
| 1 | Ei |
| 200 g | Magerquark |
| 80 g | Grieß |
| 80 g | Mehl |

1 Die Erdbeeren auftauen lassen, in einen kleinen Topf geben und mit dem Stabmixer grob pürieren. Den Vanillezucker dazugeben, erhitzen und wenige Minuten köcheln lassen, damit die Erdbeersauce etwas eindickt.

2 20 g Margarine in einer kleinen Pfanne schmelzen. Semmelbrösel, Haselnüsse, Kokosraspel, Zimt und 1 EL Zucker darin kurz anrösten und die Pfanne vom Herd nehmen.

3 Ei, restliche Margarine, Quark, Grieß, Mehl und restlichen Zucker mit den Händen zu einem festen Teig verkneten. Einen großen Topf mit Wasser zum Kochen bringen. Aus dem Teig kleine Knödel formen, in das kochende Wasser geben und die Hitze herunterschalten. Die Knödel bei mittlerer Hitze etwa 10 Minuten ziehen lassen, bis sie an der Oberfläche schwimmen, herausheben und zu den Zimtbröseln geben.

4 Die Knödel sorgfältig in den Bröseln wälzen und auf der warmen Erdbeersauce servieren.

VEGETARISCH

# MARZIPAN-BRATÄPFEL

## mit Nüssen und Vanille-Zabaione

**Im Winter, wenn die Tage kürzer und kälter werden und man es sich zu Hause so richtig schön gemütlich macht, ist Bratapfel-Zeit. Beim langsamen Garen im Backofen verströmen sie ihren wunderbaren Duft nach Zimt, Nüssen und Marzipan in der ganzen Wohnung. Serviert man sie dann noch mit einer frisch aufgeschlagenen Zabaione, ist das Apfelglück perfekt!**

**Für 2 Personen**

| | |
|---|---|
| 100 g | Marzipanrohmasse |
| 30 g | Haferflocken |
| 1 EL | Rosinen |
| 1 EL | gehackte Mandelkerne |
| 1 EL | gehackte Walnusskerne |
| ½ TL | Zimt |
| 2 | große Äpfel (à ca. 280 g) |
| 3 | sehr frische Eigelb |
| 2 | Päckchen Vanillezucker |
| 1 EL | Zucker |
| 75 ml | Marsala (italienischer Dessertwein) |
| | Puderzucker zum Bestäuben |

**Zutaten-Karussell**

Statt Marsala kann man auch Amaretto, Eierlikör oder Baileys verwenden.

1 Den Backofen auf 180 °C Ober-/Unterhitze vorheizen. Das Marzipan mit der Reibe grob raspeln. Haferflocken, Rosinen, Mandeln, Walnüsse und Zimt dazugeben und alles gut verkneten. Die Äpfel waschen, trocknen, die Deckel abschneiden und das Kerngehäuse großzügig entfernen. Die Äpfel mit der Marzipanmischung füllen und die Deckel wieder aufsetzen.

2 Die Äpfel in eine kleine Auflaufform (Ø 18 cm) geben und auf der mittleren Schiene im Ofen etwa 45 Minuten backen. 20 Minuten vor Ende der Backzeit die Äpfel eventuell mit Alufolie abdecken, damit sie nicht zu dunkel werden.

3 In der Zwischenzeit für die Zabaione ein Wasserbad (s. S. 184) aufsetzen. Eigelbe, Vanillezucker, Zucker und Marsala in einer Schüssel mit dem Schneebesen schaumig schlagen, auf das heiße, nicht kochende Wasserbad setzen und weiterschlagen, bis die Sauce eindickt und eine schöne Konsistenz bekommt. Die heißen Bratäpfel mit Puderzucker bestäuben und mit der Zabaione servieren.

### IM NU VEGAN!

**Der Bratapfel ist vegan. Die Zabaione kann man durch Vanillesauce ersetzen, die man mit Sojamilch zubereitet.**

VEGAN

00:30

Leftheri beim
Baklastrudel-Nationaltanz

# BAKLASTRUDEL

## Knusprige Apfel-Nuss-Dreiecke aus Filoteig

**Baklava ist ein klassisches griechisches Gebäck, das aus Filoteig, Butter, Nüssen, Gewürzen und Zuckersirup gemacht wird. Es schmeckt einzigartig gut, ist aber auch aufwendig in der Zubereitung. Deshalb habe ich mir eine schnellere Methode ausgedacht und Baklava mit Apfelstrudel gekreuzt. Herausgekommen ist Baklastrudel: Filoteigdreiecke, die mit Äpfeln, Nüssen und Gewürzen gefüllt und mit reichlich Puderzucker und Zimt bestäubt werden.**

**Für 25 Stück**

| | |
|---|---|
| 3 | Äpfel |
| 3 EL | Zucker |
| 5 EL | gehackte Walnusskerne |
| 1 TL | Zimt |
| ¼ TL | gemahlene Nelken |
| 5 | Blätter Filoteig |
| 35 g | zerlassene Margarine |
| | Puderzucker und Zimt zum Bestäuben |

### Küchen-Know-how

**Puderzucker immer durch ein feines Sieb auf die Süßspeise stäuben.**

1 Den Backofen auf 180 °C Ober-/Unterhitze vorheizen und ein Backblech mit Backpapier auslegen. Die Äpfel schälen, das Kerngehäuse entfernen und die Äpfel in möglichst kleine Würfel schneiden. 3 EL Wasser in einem Topf erhitzen und die Äpfel darin bei mittlerer Hitze so lange garen, bis sie weich sind und das Wasser verdampft ist. Zucker, Nüsse, Zimt und Nelken unterrühren und die Füllung auskühlen lassen.

2 Jedes Filoblatt der Länge nach in jeweils fünf etwa 7 cm breite Streifen schneiden. Je 1 gehäuften TL Apfelfüllung auf das schmale untere Ende jedes Teigstreifens geben. Dann die rechte untere Ecke nach links oben klappen. Dann die untere linke Ecke nach links oben klappen und die linke untere Ecke nach rechts oben klappen. So verfahren, bis alle Teigstreifen zusammengeklappt sind.

3 Die Apfeldreiecke auf das Backblech legen, mit der Margarine bestreichen und auf der mittleren Schiene im Ofen etwa 20 Minuten goldbraun backen. Die Dreiecke kurz vor Ende der Backzeit eventuell mit Alufolie abdecken, damit sie nicht zu dunkel werden. Das Gebäck auskühlen lassen und mit Puderzucker und Zimt bestäuben.

VEGETARISCH

# VANILLEPUDDING

## 3 x anders

Für 2 Personen

**VANILLEPUDDING**

500 ml Milch
2 leicht gehäufte EL Speisestärke
1 Eigelb
3 EL Zucker
1 Päckchen Vanillezucker
1 Vanilleschote

**MILLEFEUILLE**

½ Grundrezept für Vanillepudding
½ Packung Blätterteig (ca. 140 g)
1 Handvoll Johannisbeeren
Puderzucker zum Bestäuben

Für 3 Personen

**CRÈME BRULÉE**

1 Grundrezept Vanillepudding
3 EL brauner Zucker

### VANILLEPUDDING

5 EL Milch, Speisestärke, Eigelb, Zucker und Vanillezucker in einer Schale gut verrühren. Die Vanilleschote längs einritzen und das Mark herauskratzen. Die restliche Milch, Vanillemark und -schote in einen Topf geben und erhitzen. Die Stärkemischung mit einem Schneebesen in die heiße, nicht kochende Milch geben und so lange bei mittlerer Hitze weiterrühren, bis der Pudding eindickt. Die Vanilleschote entfernen, den Pudding in Schälchen füllen und warm servieren.

### MILLEFEUILLE mit Johannisbeeren

1 Den Vanillepudding wie im Grundrezept beschrieben mit der Hälfte der Zutaten zubereiten. Gut abkühlen lassen.

2 Den Backofen auf 180 °C Ober-/Unterhitze vorheizen und ein Backblech mit Backpapier auslegen. Aus dem Blätterteig mit einer Tasse vier runde Kreise (Ø 8 cm) ausstechen, auf das Backpapier legen und auf der mittleren Schiene im Ofen etwa 12 Minuten goldbraun backen. Die aufgegangenen Teigkreise auskühlen lassen, in der Mitte waagerecht durchschneiden und die Deckel mit der Handfläche leicht flach drücken.

3 Jeweils vier Blätterteigkreise, Vanillepudding und Johannisbeeren abwechselnd schichten, dabei mit einem Blätterteigkreis abschließen und diesen mit Puderzucker bestäuben.

### CRÈME BRULÉE

1 Den Vanillepudding zubereiten wie im Grundrezept beschrieben. In drei feuerfeste Förmchen (Ø 9 cm) füllen und auskühlen lassen.

2 Den Zucker gleichmäßig als dünne Schicht über der Creme verteilen und mit einem Brenner oder direkt unter dem auf 250 °C vorgeheizten Backofengrill karamellisieren lassen.

VEGETARISCH

# BUCHTELN

## aus Hefeteig mit Pflaumenfüllung

**Ich habe eine große Schwäche für selbst gemachte Buchteln, auch Rohrnudeln genannt. Mit dem fluffigen Hefeteig und der fruchtigen Pflaumenfüllung sind sie die perfekte Süßspeise für einen schönen Sonntagnachmittag, an dem man ein paar Freunde zum ausgiebigen Kaffeeklatsch einlädt. Oder man backt sie, wie in meinem Fall, mit Schwiegeropa Rudi in seiner schönen Bauernstube.**

**Für 12 Buchteln**

| | |
|---|---|
| 600 g | Mehl |
| 1 | Würfel Hefe (42 g) |
| 3 | Eier |
| 80 g | Zucker |
| 1 Prise | Salz |
| 250 ml | warme Milch |
| 125 g | Margarine |
| 12 TL | Pflaumenmus |
| 1 EL | zerlassene Margarine |
| | Puderzucker zum Bestäuben |

**Zutaten-Karussell**

Die Buchteln können auch mit Himbeer- oder Kirschkonfitüre gefüllt werden.

1 Das Mehl in eine Schüssel geben. Die Hefe zerbröckeln und mit Eiern, Zucker und Salz in der warmen Milch auflösen. Hefemilch und Margarine zum Mehl geben und mit den Knethaken des Handrührgeräts so lange verkneten, bis ein glatter, elastischer Teig entsteht. Den Teig mit einem Geschirrtuch abdecken und an einem warmen Ort etwa 30 Minuten gehen lassen.

2 Den Backofen auf 180 °C Ober-/Unterhitze vorheizen. Den Teig auf einer bemehlten Arbeitsfläche in zwölf Stücke teilen. Jedes Teigstück erst zu einer Kugel und dann mit den Fingern zu einem fingerdicken Fladen formen. Jeweils 1 TL Pflaumenmus in die Mitte geben, den Teig von allen Seiten zusammenschlagen, die Ränder gut miteinander verbinden und eine Kugel formen.

3 Eine Auflaufform (Ø 28 cm) mit etwas Margarine einfetten, die Buchteln mit der Naht nach unten in die Form setzen, mit der zerlassenen Margarine bestreichen und auf der mittleren Schiene im Ofen etwa 35 Minuten goldbraun backen. Eventuell kurz vor Ende der Backzeit mit Alufolie abdecken, damit sie nicht zu dunkel werden. Die Buchteln leicht auskühlen lassen und mit etwas Puderzucker bestäuben.

**DAS PASST DAZU!**

Zu den Buchteln passt hervorragend warme Vanillesauce.

**Küchen-Know-how**

**Den Hefeteig kann man im auf 40 °C vorgeheizten Backofen gehen lassen.**

VEGAN

# DRINKS ZUM DESSERT

für Gäste und kleine Feste

Für 4 Personen

**TRAUBENBOWLE**

| | |
|---|---|
| 6 | Pflaumen |
| 150 g | Weintrauben |
| 2 EL | brauner Zucker |
| 6 | Stängel Zitronenmelisse, die Blättchen abgezupft |
| 300 ml | Weißwein |
| 300 ml | Sekt |
| 300 ml | roter Traubensaft |
| 2 | Handvoll Eiswürfel |

Für 1 Person

**JOHANNISBEER-SHAKE**

| | |
|---|---|
| 6 | getrocknete Datteln |
| 250 ml | Mandelmilch |
| 1 Prise | Zimt |
| 2 EL | Johannisbeeren |
| 1 TL | geröstete Mandelblättchen |

Für 2 Personen

**FROZEN STRAWBERRY DAIQUIRI**

| | |
|---|---|
| 10 | Erdbeeren |
| 3 EL | weißer Rum |
| 8 | Eiswürfel |
| 2 EL | Limettensaft |
| 1 EL | brauner Zucker |

00:10

## TRAUBENBOWLE

mit Pflaumen und Zitronenmelisse

1 Die Pflaumen vom Stein befreien und in schmale Spalten schneiden. Die Weintrauben halbieren.

2 Zucker und Melisse in ein Bowlengefäß geben und mit dem Weißwein vermischen. Das Obst dazugeben und die Mischung für mindestens 3 Stunden kalt stellen. Kurz vor dem Servieren Sekt, Traubensaft und Eiswürfel unterrühren.

## JOHANNISBEER-SHAKE

mit Mandelmilch und Datteln

Die Datteln entsteinen und in kleine Stücke schneiden. Mit Mandelmilch und Zimt in ein hohes Gefäß geben und mit dem Stabmixer schaumig pürieren. Die Johannisbeeren in ein Glas geben, den Shake darübergießen und mit den Mandelblättchen bestreuen.

## FROZEN STRAWBERRY DAIQUIRI

Die Erdbeeren in kleine Stücke schneiden. Rum, Eiswürfel, Limettensaft und Zucker in einen Mixer geben und nicht ganz fein pürieren. Die Erdbeeren dazugeben und kurz weitermixen, bis der Daiquiri eine mousseartige Konsistenz hat. In zwei Gläser füllen und sofort servieren.

# SO KOMPONIERE ICH EIN MENÜ

**Manchmal möchte man jemanden beeindrucken, dem Alltag entfliehen oder netten Menschen eine Freude machen. Das funktioniert besonders gut mit einem liebevoll komponierten Menü, das in angenehmem Ambiente, zum Beispiel an einem schön gedeckten Tisch, eingenommen wird. Ein leckeres Drei-Gänge-Menü zu kreieren, ist gar nicht so schwer, wenn man die folgenden Punkte beachtet:**

### FRANZÖSISCHES MENÜ

Französischer Hirtensalat mit Ziegenkäse-Crostini (s. S. 45)

Coq au vin mit Gemüse und frischen Kräutern (s. S. 102)

Französische Schokoladentarte (s. S. 158)

~

### VEGETARISCHES MENÜ

Zucchinisuppe mit Ratatouille und Parmesan (s. S. 71)

Spargel-Ravioli mit Gorgonzola und Salbeibutter (s. S. 130)

Aprikosen-Quark-Strudel mit Pistazien (s. S. 162)

1. Auf **Abwechslung** bei den einzelnen Gängen achten. Verwendet man zum Beispiel Kürbis bei der Vorspeise, sollte man beim Hauptgang darauf verzichten.
2. Die **Farben** der Zutaten und Saucen und die Zubereitungsarten (z. B. Dampfgaren, Frittieren, Schmoren) sollten sich nicht wiederholen.
3. Enthält das Menü zwei Fleischgänge, sollten nicht zwei helle **Fleischsorten** (z. B. Huhn, Kalb) oder zwei dunkle (z. B. Rind, Hirsch) hintereinander folgen. Die helle Sorte kommt immer vor der dunklen.
4. **Kalte** Vorspeisen werden immer vor der Suppe gereicht.
5. Die **Vorspeise**, z. B. eine Suppe, sollte den Appetit anregen, aber nicht beschweren.
6. Der **Hauptgang** besteht meist aus einem Fleisch- oder Fischgericht, um richtig zu sättigen.
7. Die **Nachspeise** sollte als schöner Ausklang das Menü abrunden und nicht zu mächtig sein.
8. Und nicht vergessen: Das Auge isst immer mit! Deshalb sollte man die Speisen **schön und akkurat** anrichten. Am besten weiße Teller benutzen, die wirken appetitlicher als bunte.

# DER PERFEKT GEDECKTE TISCH

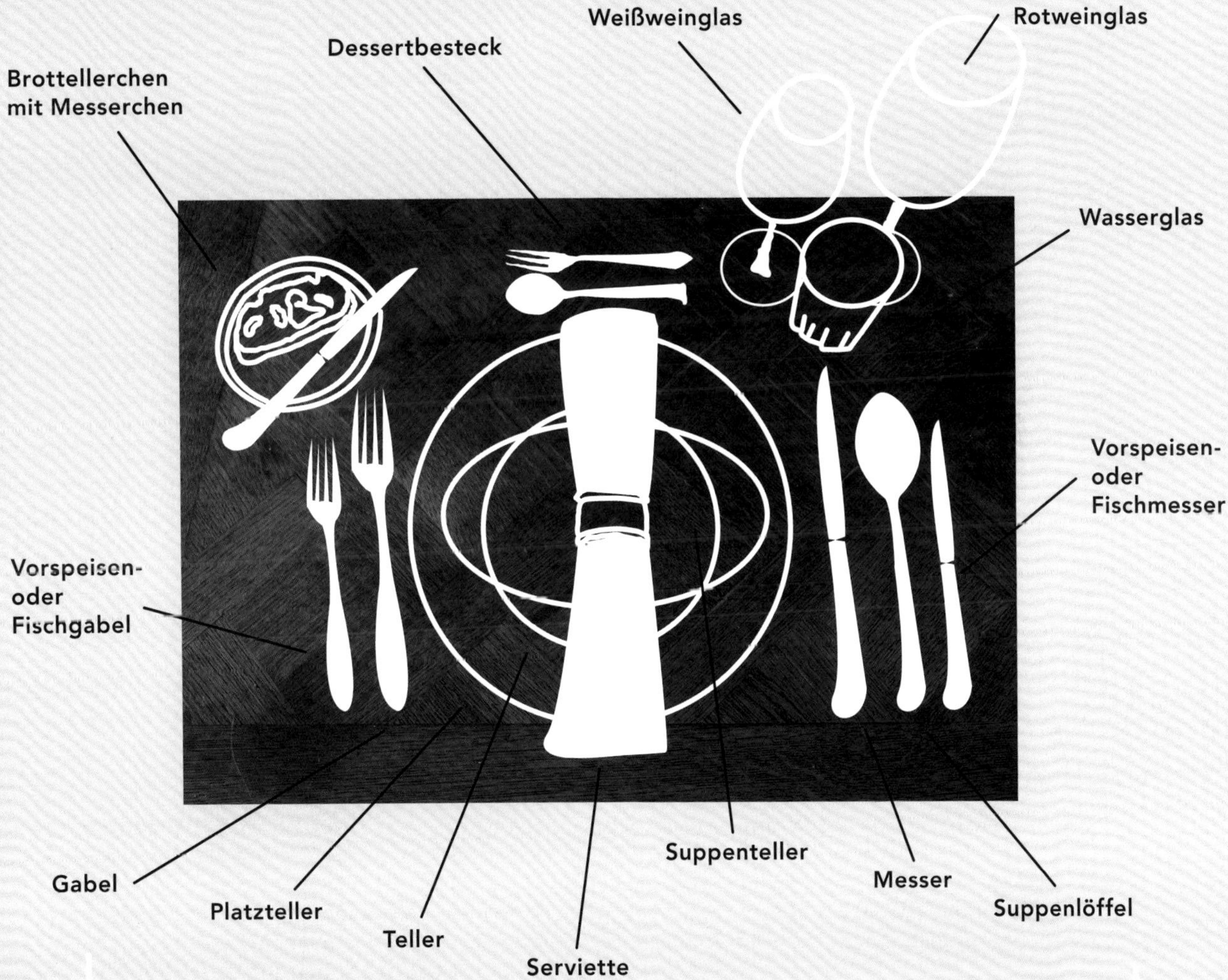

# KÜCHENAUSSTATTUNG

**Eine große und eine kleine Pfanne** – auf jeden Fall beschichtet, dann brennt nichts an und man spart Bratfett.
**Grillpfanne** – durch die Rillen bekommen Fleisch, Fisch und Gemüse ein leckeres Röstaroma.

**Ein großer und ein kleiner Kochtopf** mit Deckel – für wenig Sauce oder einen großen Eintopf für die ganze Familie.

**Auflaufformen** – am besten eine große und eine kleine.

**Schneidebretter** – eines aus Holz für Obst und Gemüse, eines aus Plastik für Fleisch, Geflügel und Fisch, das man heiß abspülen kann, um mögliche Keime zu beseitigen.

**Scharfe Messer** – ein Brotmesser, ein kleines Schälmesser und ein großes Messer zum Schneiden von Fleisch und Fisch wären ideal.

**Sparschäler** – schält schnell und sparsam Möhre, Apfel oder Kartoffel.

**Reibe** – eine grobe, um Möhren zu raspeln, eine feine für Parmesan und ein Gurkenhobel sollten in keiner Küche fehlen.

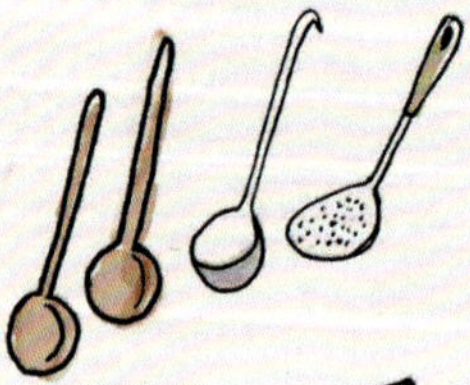

**Kochlöffel, Schöpflöffel, Schaumkelle** – zum Rühren, Servieren, Aufgießen und Herausheben.

**Pfannenwender** – am besten aus Plastik, damit man den Pfannenboden nicht zerkratzt.

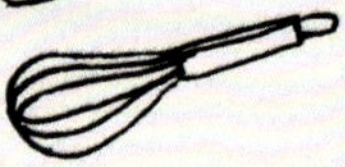

**Schneebesen** – besonders für das Anrühren von Cremes, Saucen und Dressings unerlässlich.

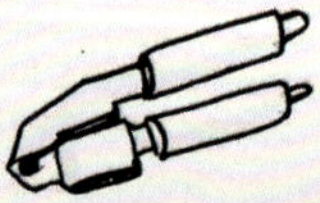

**Knoblauchpresse** – schützt die Hände vor Knoblauchgeruch.

**Nudelsieb** – zum Abgießen, ist für Pasta-Liebhaber unentbehrlich.

**Klarsichtfolie** – zur Aufbewahrung von Essensresten.

**Rührschüsseln** in verschiedenen Größen braucht man nicht nur für Kuchenteig, sondern auch für Salat oder zur Aufbewahrung von Resten.

**Messbecher** – weil die penible Einhaltung von Flüssigkeitsmengen besonders bei süßen Cremes und Puddings wichtig ist.

**Eine Küchenwaage** – braucht der Hobbybäcker zum Abwiegen von Mehl, Zucker oder Speisestärke.

**Springform** – für Käsekuchen oder Quiche unerlässlich.

**Kuchenform** – je nach Lieblingskuchen braucht man eine Kasten-, Gugelhupf- oder Rehrückenform – eine sollte man mindestens haben.

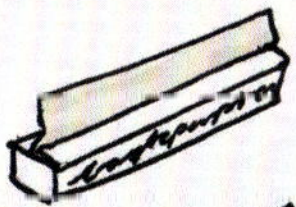

**Backpapier** – superpraktisch z. B. als Unterlage für Kekse, die direkt auf dem Backblech gebacken werden.

**Alufolie** – vor allem zum Abdecken von Kuchen, Aufläufen und Co., damit ihre Oberfläche nicht zu dunkel wird.

**Feines Sieb** – zum Sieben von Mehl oder Durchpassieren von Saucen.

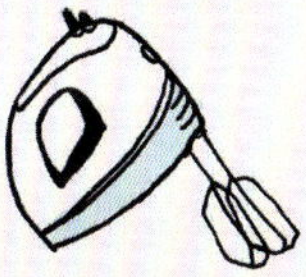

**Handrührgerät** – Sahne und Eiweiß aufschlagen geht zur Not auch mit dem Schneebesen, aber spätestens für Brot- oder Hefeteig ist das Handrührgerät unersetzlich.

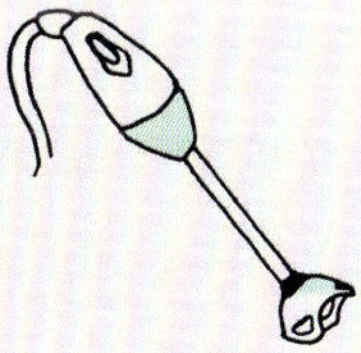

**Stabmixer** – zum Pürieren von Suppen und Saucen.

# MUST-HAVES

## für Kühlschrank und Vorratskammer

Wer Vorratsschrank und Kühlschrank mit folgenden Produkten bestückt, kann auch ganz spontan ein gelungenes Mahl zaubern!

## VORRATSKAMMER:

### GEWÜRZE UND ÖLE

- Salz und Pfeffer
- heller Essig und dunkler Balsamico
- Olivenöl und Pflanzenöl (z. B. Sonnenblumen- oder Rapsöl)
- getrockneter Oregano, Thymian, Rosmarin
- gemahlener Zimt
- Kurkuma
- Garam Masala (indische Gewürzmischung)

### TROCKENE LEBENSMITTEL

- Nudeln
- Reis
- Milchreis
- Grieß
- Couscous
- Haferflocken
- Semmelbrösel
- Mehl
- Zucker und Vanillezucker
- Backpulver
- Puderzucker
- Speisestärke
- Nüsse (z. B. Mandelblättchen, Kokosraspel)
- Schokolade
- Trockenfrüchte (z. B. Rosinen)

### LAGERFÄHIGES OBST UND GEMÜSE

- Kartoffeln
- Zwiebeln
- Knoblauch
- Möhren
- Äpfel
- Birnen

### DOSE ~ GLAS ~ TETRAPACK

- passierte Tomaten
- Honig
- Mais
- H-Milch
- Marmelade
- Ketchup
- Senf
- Apfelmus
- Kokosmilch

## KÜHLSCHRANK:

### FRISCHE LEBENSMITTEL

- Milch
- Butter oder Margarine
- Kochsahne
- Quark
- Eier
- Parmesan

## DIE 7 REGELN

### für intelligentes Einkaufen

1 — **Nie hungrig einkaufen** gehen, sonst landet viel zu viel im Einkaufskorb!

2 — Vor dem Einkaufen **Einkaufszettel** schreiben und Vorräte kontrollieren. So behält man den Überblick, vergisst nichts und kauft nichts Unnötiges.

3 — Vor allem bei Fisch, Fleisch, Eiern und Milchprodukten gilt **Qualität vor Quantität** – da lohnt auch der Gang zum Metzger, Fischhändler oder Biomarkt des Vertrauens! Mittlerweile bieten sogar viele Supermärkte Bioprodukte an.

4 — **Großpackungen** z. B. bei Reis oder Nudeln sind oft günstiger als kleine. Der Inhalt lässt sich nach Anbrechen der Packung in gut schließenden Dosen lange aufbewahren.

5 — Bei Obst und Gemüse auf **saisonale und regionale Produkte** achten! Und immer Hände und Nase zu Hilfe nehmen: Die Produkte sollten gut riechen und keine faulen Stellen haben.

6 — **Preis und Gewicht** der Packungen vergleichen und auf Sonderangebote achten – so lässt sich Geld sparen.

7 — Bei industriell hergestellten Produkten, wie z. B. Frischkäse, Joghurt, Blätterteig, passierten Tomaten oder Schokolade, auf die **Inhaltsstoffe** achten und möglichst Produkte ohne Zusatzstoffe, Geschmacksverstärker oder künstliche Aromen wählen.

# RESTEKÜCHE

## Aus alt mach neu!

**Wer wirft schon gerne Lebensmittel weg?
Ist auch nicht nötig, wenn man ein paar Tricks drauf hat.**

**Reste richtig aufbewahren:** Reste immer erst auskühlen lassen und dann gut verschlossen (z. B. in einer Plastikdose oder mit Klarsichtfolie abgedeckt) im Kühlschrank lagern.

## PROBLEM 1 — ZU VIEL EINGEKAUFT UND NICHT ZUBEREITET —

— **Blattsalate** in ein sauberes, feuchtes Küchenhandtuch wickeln und im Gemüsefach des Kühlschranks aufbewahren. So bleiben sie mehrere Tage frisch.

— **Gemüse** (z. B. Paprika, Zucchini, Aubergine) ist – auch angeschnitten – im Gemüsefach des Kühlschrank mehrere Tage haltbar. Für Suppen | › s. S. 66, 70f., Eintöpfe, Ratatouille, Pfannenfrühstück | › s. S. 14, Moussaka | › s. S. 91, Risotto oder Antipasti-Sandwich | › s. S. 77 verwenden.

— **Obst** Wenn Obst schnell weg muss, kann man Ofenpfannkuchen | › s. S. 19, Pancakes | › s. S. 34, Tiramisu | › s. S. 154 oder Strudel | › s. S. 162 daraus machen!

— **Fleisch und Fisch** im Kühlschrank aufbewahren und innerhalb der nächsten zwei Tage für Curry | › s. S. 94, 99, Suppen | › s. S. 55, 66, 70f., Eintöpfe, als Beilage für Salate | › s. S. 45, 85, 127 oder in Wraps verwenden.

— **Brot** in einem Gefrierbeutel einfrieren. Aufgetaut und im Ofen aufgebacken schmeckt es auch mehrere Wochen später hervorragend! Oder man verwertet das altbackene Brot für süße Desserts, z. B. Brotpudding | › s. S. 161, Röstbrote | › s. S. 25, French Toast | › s. S. 16f. oder Semmelknödel | › s. S. 92f..

— **Milch** Milchreis oder Pudding | › s. S. 173 kochen.

— **Quark oder Joghurt** kann man für Cheesecake | › s. S. 149, Quarkknödel | › s. S. 167 oder ein griechisches Dessert | › s. S. 146f. verwenden.

— **Eier** verschwinden in Omelett | › s. S. 12, Frittata | › s. S. 29, Pfannenfrühstück | › s. S. 14 oder Rührkuchen | › s. S. 152ff.

## PROBLEM 2 — ZU VIEL GEKOCHT UND NICHT GEGESSEN —

— **Gemüsesuppen** in einem Tiefkühlbeutel einfrieren oder im Kühlschrank aufbewahren und in den kommenden Tagen als Nudelsauce verwenden.

— **Saucen** entweder einfrieren oder am nächsten Tag mit Ofenkartoffeln oder Reis neu kombinieren. Tomatensauce lässt sich auch als Pizzabelag verwenden!

— **Reis** am nächsten Tag als Einlage in eine Suppe (z. B. Tomatensuppe | › S. 66 rühren. Oder für Reissalat, gebratenen Reis oder als Füllung für Paprikaschoten verwenden.

— **Nudeln** im Kühlschrank aufbewahren und am nächsten Tag Nudelsalat | › s. S. 127 oder Nudelauflauf | › s. S. 140 daraus machen.

— **Kartoffeln** am nächsten Tag für Kartoffelsalat | › s. S. 85, Ofen- oder Bratkartoffeln | › s. S. 84, Kartoffelgratin oder Frittata | › s. S. 29 verwenden.

— **Aufläufe** mit Klarsichtfolie abdecken und im Kühlschrank aufbewahren. Am nächsten Tag mit etwas Wasser besprenkeln und im Ofen aufbacken oder in der Mikrowelle oder Pfanne erwärmen.

# TIPPS UND TRICKS

## LEBENSMITTEL RICHTIG VORBEREITEN

- **Fleisch** nach dem Kauf im Kühlschrank lagern. Vor der Zubereitung mit kaltem Wasser abspülen und mit Küchenpapier trocken tupfen. Fleisch vor der Zubereitung salzen und erst vor dem Servieren pfeffern, damit der Pfeffer beim Garen nicht verbrennt.
- **Frischen Fisch** im Kühlschrank lagern und vor der Zubereitung mit kaltem Wasser abspülen und mit Küchenpapier trocken tupfen. TK-Fisch über Nacht im Kühlschrank auftauen lassen und vor der Zubereitung ebenfalls kalt abspülen und trocken tupfen.
- **Obst** heiß abspülen und putzen (z. B. das Kerngehäuse entfernen, das Fruchtfleisch vom Kern lösen).
- **Gemüse** heiß abspülen und putzen (z. B. trockene Enden oder Strunkansätze entfernen, schälen).

## BLATTGELATINE RICHTIG VERWENDEN

1 — Die Gelatineblätter in **kaltem Wasser** ein paar Minuten einweichen.

2 — In einem **Töpfchen** die im Rezept angegebene Flüssigkeit erhitzen und vom Herd nehmen. Die Gelatine ausdrücken, in die heiße (nicht kochende!) Flüssigkeit geben und unter Rühren darin auflösen.

3 — Ein **paar Esslöffel** von der zubereiteten Creme sorgfältig unter die Gelatine mischen und erst anschließend die Gelatinecreme unter die restliche Creme rühren. Dieser Zwischenschritt ist wichtig, damit die Gelatine keine Klümpchen bildet.

## EIER TRENNEN

Das Ei an den Rand einer Schüssel schlagen und an der Bruchstelle über der Schüssel in zwei Hälften teilen.

1 — Das Eigelb abwechselnd von einer Schalenhälfte in die andere wandern lassen und dabei das Eiweiß in die Schüssel laufen lassen.
2 — Dann das Eigelb aus der Schale in eine zweite Schüssel geben.

## WASSERBAD

Im Wasserbad lässt sich bei gleichmäßiger, nicht zu starker Hitze Schokolade schmelzen oder Zabaione aufschlagen:

**1 — Einen weiten, aber nicht zu hohen Topf etwa zu einem Drittel mit Wasser füllen und erhitzen.**

**2 — Wenn das Wasser kocht, die Hitze zurückschalten und eine Schüssel in den Topf hängen.**

**3 — Wichtig ist, dass die Schüssel das Wasser nicht berührt und das Wasser nicht kocht, sondern lediglich siedet.**

**4 — Schokolade in die Schüssel geben und schmelzen lassen oder eine Creme darin aufschlagen.**

## GRANATAPFEL SCHÄLEN

**1 — Stiel- und Blütenansatz des Granatapfels abschneiden.**

**2 — Den Granatapfel am Fleisch entlang, von oben bis unten, kreuzweise leicht einritzen.**

**3 — Den Granatapfel auseinanderbrechen.**

**4 — Die Kerne herauslösen.**

## ÖLE UND FETTE

Man muss wissen, wie man die verschiedenen Sorten richtig einsetzt, damit sie dem jeweiligen Gericht den optimalen Geschmack verleihen:

— **Rapsöl:** neutrales Öl, ideal für Saucen, aber auch für Salatdressing.

— **Walnuss- und Kürbiskernöl:** sehr aromatisch; sparsam dosiert perfekt für Salatdressings.

— **Distelöl:** mild mit hohem Anteil an ungesättigten Fettsäuren; für Dressings und zum Anschwitzen geeignet, aber nicht zum scharfen Anbraten.

— **Erdnuss- und Sojaöl:** hoch erhitzbar, für asiatische Gerichte im Wok.

— **Sonnenblumen- und Maiskeimöl:** hoch erhitzbar, ideal zum Anbraten und Frittieren.

— **Sesam- und Walnussöl:** intensiv im Geschmack; nicht zum Braten, sondern zum Aromatisieren z. B. von Salaten.

— **Olivenöl:** der (fast) Alleskönner. Perfekt zu Fisch, Fleisch oder Pasta. Aber Vorsicht: Olivenöl darf nicht so stark erhitzt werden, dass es raucht.

— **Butter:** sehr vollmundiger Geschmack; für deftige Gerichte und Saucen. Aber Achtung: Nicht zu hoch erhitzen, sonst verbrennt sie und wird braun!

— **Margarine:** ist im Gegensatz zu Butter rein pflanzlich, aber kein Naturprodukt, sondern industriell verarbeitet; kann Butter ersetzen.

— **Butterschmalz:** ist ein Butter-Reinfett aus Kuhmilch und eignet sich besonders gut zum Braten und Frittieren, da es hoch erhitzbar ist.

# DAS TEAM

**Katerina Dimitriadis** – Autorin

**Katerina »Kät« Dimitriadis** studiert Politik- und Buchwissenschaft, arbeitet als freie Journalistin und betreibt mit ihrer Mama und Schwester das Restaurant Konstantina in Nürnberg.

**Das Einzigartige an der Arbeit mit Pilar ist ...**

dass sie mit viel Liebe zum Detail arbeitet und mich immer dann zur Geduld aufruft, wenn meine zu schwinden droht (»Wasch den Löffel erst ab!«). Wir haben geschleppt, auf- und abgebaut, geputzt, geschwitzt, gefroren, uns tot gelacht, gequatscht, geflucht und geweint – und ich vermisse diese wundervolle und intensive Zeit jetzt schon!

**Das Tolle an der Arbeit mit Andrea ist ...**

dass sie immer dann mit neuen Ideen kommt, wenn Pilar und mir schon die Köpfe rauchen. Andrea, du bist ein einzigartig gutmütiger und vertrauenswürdiger Mensch und erstaunst mich mit deiner ungemein lockeren und dennoch erwachsenen Art immer wieder aufs Neue.

**Andrea Schindler** – Grafikerin

**Das Wertvolle an der Arbeit mit Kät ist ...**

dass es mit Kät nie langweilig wird und ich mir eine Riesenscheibe von ihrer Kochleidenschaft abschneiden sollte. Tausend Dank nochmals für deine unübertreffliche Backkunst an unserer Hochzeit. Es war ein absoluter Gaumenschmaus und unersetzbar.

**Das Fabelhafte an der Arbeit mit Pilar ist ...**

dass man mit ihr wunderbar auch lange Arbeitsnächte überlebt und unsere gemeinsamen Mix-Tapes zu diesem Buch noch sicher ihren Erfolg feiern werden. Es erfreut mein Herz, mit dir zusammenzuarbeiten und selbst in den müdesten Augenblicken über die schrägsten Momente mit dir zu lachen.

**Pilar Schacher** – Fotografin

**Das Schöne an der Arbeit mit Katerina ist ...**

dass wir wie Schwestern all unsere Gefühlslagen geteilt haben, wir uns beide nie in Watte packen müssen, sondern uns eher so lange liebevoll kabbeln, bis wir uns an das jeweilige Optimum gepusht haben. Danke dir für all diese Wochen, in denen ich einen wahren Menschen an meiner Seite hatte, mit dem ich wirklich durch dick und dünn gehen kann.

**Das Herrliche an der Arbeit mit Andrea ist ...**

dass sie mit ihrer tollen Sichtweise auf die Welt mir hilft, unsere Arbeit oft freier zu gestalten. Ich liebe es, wie wir beide manchmal einfach wild werden und gemeinsam irgendwelche Dinge fabrizieren, die sich dann in all dem Wahnsinn zu etwas ganz Tollem entwickeln. Andrea, ich danke dir für genau diese Momente – sie machen mich sehr glücklich!

# DANKE!

An diesem Kochbuch zu arbeiten, während ich den Master mache und allabendlich im eigenen Restaurant arbeite, war für mich nicht immer leicht, und in besonders schwierigen Zeiten brachten mich selbst kleine Hürden an den Rand der Verzweiflung. Umso stolzer bin ich, jetzt das fertige Buch in Händen zu halten. Aber ohne die Unterstützung meiner Familie wäre das nicht möglich gewesen. Deshalb danke ich vor allem meinem Freund **Patrick**, der mich bei allen meinen Aktivitäten bedingungslos unterstützt, auch wenn das im Umkehrschluss oftmals bedeutet, dass ich kaum Zeit für ihn habe. Danke, dass du mein Zuhause bist und mich immer mit den richtigen Worten tröstest oder schimpfst – je nachdem, was ich gerade wieder angestellt habe. Ein großer Dank geht auch an meine Eltern. An meine **Mama**, weil sie immer das Beste für mich will, auch wenn sich unsere Vorstellungen dahin gehend nicht immer decken. Und an meinen **Vater**, weil er das schon begriffen hat, mir vertraut und mich lässt. Außerdem, liebe **Barbara**: Vielen Dank! Du bist die beste Schwester, die sich eine vom Kochen besessene, rechthaberische, hyperaktive und perfektionistische Kät wünschen kann! Und nicht zu vergessen: **Camus**, unsere zuckersüße kleine Katze – das traumhafteste Food-Model der Welt!

Außerdem danken wir den vielen großartigen und großzügigen Menschen, die mit ihrer großen und kleinen Hilfe dazu beigetragen haben, unserem Kochbuch seine Seele einzuhauchen: Wir danken dem besten (Schwieger-)Opa der Welt, **Rudolf Reutter**, und gedenken seiner wunderbaren **Lydia**, die unser zweites Kochbuch leider nicht mehr miterleben konnte. Außerdem danken wir **Edith und Tizian Reutter**, **Susi und Gerd Herbst**, Pilars wunderbaren Eltern **Nina und Jürgen Schacher**, deren Haus uns immer offen stand. **Anton Herbst**, der sein wunderschönes Cabrio und seine Wohnung zur Verfügung stellte, **Athina Schacher** und **Flo Köbler**, **Thomas** und seinem wundervollen Truck, der 50er-Jahre-Superfrau **Julia Kolb**, der einzigartigen **Toyah Diebel**, **Eleftherios »Leffi« Matios**, dem lustigsten Griechen der Welt, der sich für keinen Scherz zu schade ist. **David Häuser** für die Zurverfügungstellung seiner selbst, seiner Bar und seines unglaublich nützlichen Quelle-Studios, Andreas versammelter **Hochzeitsgesellschaft** und ihrem Mann **Frede Schindler**. Dem einzigartig gastfreundlichen **Philipp Schmitz** vom wunderschönen Restaurant **du Château,** meinem Förderer der ersten Stunde, **Dr. Lothar Hoja** von den Nürnberger Nachrichten, und natürlich dem gesamten Team von **Dorling Kindersley**, allen voran **Monika Schlitzer**, die es uns möglich macht, als Kochbuch-Trio wunderschöne Monate zusammen zu erleben!

**Danke Kät,**
**für die fabelhaften,**
**unvergesslichen**
**und superleckeren**
**Torten zu unserer**
**Hochzeit!**

**A.**

# REGISTER

London, New York, Melbourne, München und Delhi

Bibliografische Information Der Deutschen Bibliothek
Die Deutsche Bibliothek verzeichnet diese Publikation in der Deutschen Nationalbibliografie; detaillierte bibliografische Daten sind im Internet über **http://dnb.ddb.de** abrufbar.



**Texte** Katerina Dimitriadis, Nürnberg
**Fotografie** Pilar Schacher, Berlin
**Food Styling** Katerina Dimitriadis und Pilar Schacher
**Redaktion** Andrea Kunstmann, München
**Gestaltung, Typografie, Realisation** Andrea Schindler, Berlin
**Illustration** Andrea Schindler, Berlin
**Repro** Medienservice Farbsatz, Neuried / München

Für den Dorling Kindersley Verlag
**Programmleitung** Monika Schlitzer
**Projektbetreuung** Elke Homburg
**Herstellungsleitung** Dorothee Whittaker
**Herstellung** Kim Weghorn

ISBN 978-3-8310-2517-6

**Druck und Bindung** Firmengruppe Appl, aprinta Druck, Wemding

MIX
Papier aus verantwortungsvollen Quellen
FSC
www.fsc.org
FSC® C004592

Besuchen Sie uns im Internet
**www.dorlingkindersley.de**

# - S A I S O N K A L E N D E R -

| GEMÜSE | Jan | Feb | Mär | Apr | Mai | Jun | Jul | Aug | Sep | Okt | Nov | Dez |
|---|---|---|---|---|---|---|---|---|---|---|---|---|
| Auberginen | | | | | | | ● | ● | ● | ● | | |
| Blumenkohl | | | | | ● | ● | ● | ● | ● | ● | | |
| Bohnen, grüne | | | | | | ● | ● | ● | ● | ● | | |
| Bohnen, Dicke | | | | | | ● | ● | ● | | | | |
| Brokkoli | | | | | | ● | ● | ● | ● | ● | | |
| Champignons | ● | ● | ● | ● | ● | ● | ● | ● | ● | ● | ● | ● |
| Chicorée | ● | ● | ● | ○ | | | | | | ● | ● | ● |
| Erbsen | | | | | | ● | ● | ● | | | | |
| Fenchel | | | | | | ● | ● | ● | ● | ● | ● | |
| Grünkohl | ● | ● | | | | | | | | | ● | ● |
| Gurken | | | | | | ● | ● | ● | ● | ● | | |
| Kartoffeln | ○ | ○ | ○ | ○ | ○ | ● | ● | ● | ● | ● | ○ | ○ |
| Kürbis | ○ | ○ | | | | | | ● | ● | ● | ● | ○ |
| Lauch | ● | ● | ● | ● | | | ● | ● | ● | ● | ● | ● |
| Mangold | | | | | ● | ● | ● | ● | ● | ● | | |
| Möhren | ○ | ○ | ○ | ○ | ○ | ● | ● | ● | ● | ● | ○ | ○ |
| Paprika | | | | | | | ● | ● | ● | ● | | |
| Pastinaken | ● | ● | ● | ○ | | | | | ● | ● | ● | ● |
| Radieschen | | | | | ● | ● | ● | ● | ● | ● | | |
| Rosenkohl | ● | ● | ● | | | | | | | ● | ● | ● |
| Rote Beten | ○ | ○ | ○ | ○ | | | ● | ● | ● | ● | ● | ○ |
| Rotkohl | ○ | ○ | ○ | ○ | ○ | ● | ● | ● | ● | ● | ● | ○ |
| Schwarzwurzeln | ● | ● | | | | | | | | ● | ● | ● |
| Spargel | | | | ● | ● | ● | | | | | | |
| Spinat | | | ● | ● | ● | | | | ● | ● | ● | |
| Spitzkohl | | | | | ● | ● | | | | | | |
| Staudensellerie | | | | | ● | ● | ● | ● | ● | ● | | |
| Tomaten | | | | | | ● | ● | ● | ● | ● | | |
| Weißkohl | ○ | ○ | ○ | ○ | | ● | ● | ● | ● | ● | ● | ○ |
| Wirsingkohl | ● | ● | ○ | | ● | ● | ● | ● | ● | ● | ● | |
| Zucchini | | | | | | ● | ● | ● | ● | ● | | |
| Zuckerschoten | | | | | ● | ● | ● | ● | | | | |
| Zwiebeln | ○ | ○ | ○ | ○ | ○ | ○ | ● | ● | ● | ● | ○ | ○ |

● — ist frisch verfügbar. ○ — ist als Lagerware verfügbar. — importierte Früchte